本成果受到国家自然科学基金面上项目"购机补贴政策框架下农机企业行为机理研究：质量选择、研发投入与价格歧视"（课题号：71973074）资助

农机购置补贴政策
影响评估

农户行为、农机化与农机工业企业视角

张宗毅◎著

中国社会科学出版社

图书在版编目(CIP)数据

农机购置补贴政策影响评估：农户行为、农机化与农机工业企业视角／
张宗毅著.—北京：中国社会科学出版社，2019.12
ISBN 978 - 7 - 5203 - 5700 - 5

Ⅰ.①农… Ⅱ.①张… Ⅲ.①农业机械化—政府补贴—
财政政策—研究—中国 Ⅳ.①F812.0

中国版本图书馆 CIP 数据核字（2019）第 271594 号

出 版 人	赵剑英	
责任编辑	黄 晗	
责任校对	王 龙	
责任印制	王 超	

出 版	中国社会科学出版社	
社 址	北京鼓楼西大街甲 158 号	
邮 编	100720	
网 址	http://www.csspw.cn	
发 行 部	010 - 84083685	
门 市 部	010 - 84029450	
经 销	新华书店及其他书店	

印 刷	北京君升印刷有限公司	
装 订	廊坊市广阳区广增装订厂	
版 次	2019 年 12 月第 1 版	
印 次	2019 年 12 月第 1 次印刷	

开 本	710×1000 1/16	
印 张	14.5	
字 数	216 千字	
定 价	69.00 元	

凡购买中国社会科学出版社图书，如有质量问题请与本社营销中心联系调换
电话：010 - 84083683

内容摘要

2004 年，中国开始实施农机购置补贴政策，对农户行为、农业劳动生产率或农业机械化水平、农机工业都产生了巨大影响。然而，（1）已有关于农机购置补贴政策对农户购机行为影响的研究未能解释清楚何类农户会购买农机、何类农户会购买农机作业服务，农机购置补贴政策又如何对不同类别农户造成冲击。（2）已有关于农机购置补贴政策对农机保有量和农机化水平的研究大多重点研究多年的平均边际影响，未能分年度分析边际影响的变化，无法了解历年来农机购置补贴政策的补贴效率变化情况。（3）已有关于农机购置补贴的研究对农机工业盈利能力几乎没有涉足，更没有从微观角度研究购置补贴政策对农机工业企业盈利能力的影响。

基于此，本书重点从以下三方面展开研究：（1）通过数理推导分析农户是购买农机还是购买社会化服务的机理，并分析农机购置补贴政策对农户行为的影响。（2）研究农机购置补贴政策对农机保有量和农机化水平的影响及随时间的变化趋势。（3）农机购置补贴政策补贴对农机工业企业盈利能力的影响。研究结果表明：

（1）购机补贴直接影响了农户的购机决策，也影响了农机作业服务市场。如果按照相同比例进行补贴，有购机补贴和没有购机补贴相比，购机补贴政策同时挤压了小型农业机械和人工作业的适用空间，扩大了大型农业机械的适用空间。同时，购机补贴政策与农机作业服务市场的效应叠加，进一步挤压人工作业和小型农机的适用空间，促进农机装备大型化。

（2）农机购置补贴政策对农机化发展确实起到了较为巨大的正向

作用，2008—2015 年对农机保有量增量的贡献率达到 40.41%，对农机化水平增量的贡献率达 18.27%；但这种效果的边际效应正在递减，农机购置补贴资金每增加 1 万元/公顷，农机保有量增量由 2008 年的 17.33 千瓦/公顷下降到 2015 年的 6.49 千瓦/公顷；农机购置补贴资金每增加 100 元/公顷，农业综合机械化水平的增幅从 2008 年的 1.05 个百分点减少到 2015 年的 0.18 个百分点。

（3）农机购置补贴政策的确对农机企业盈利能力具有显著影响。农机购置补贴政策实施后，规模以上农机企业个数猛增，从 2006 年的 125 家增长到 2007 年的 1859 家，且常年保持高速增长趋势，给农机市场带来了严重的产能过剩和过度竞争；政策对农机工业企业盈利能力的提升确有正向效果且这种正向效果会随着时间的变化呈现倒"U"形变化；在拖拉机制造、机械化农业及园艺机具制造这两个购机补贴主要投入去向的子行业表现为补贴效果随时间递减的倾向。

关键词：农机购置补贴；农户行为；农机社会化服务；农机工业；盈利能力

目　录

表 目 录

图 目 录

第一章　绪论

第一节　研究目标与意义

一　研究意义

2004 年，中国开始实施农机购置补贴政策，给购买农机的农户或农业生产组织予以 30% 左右的补贴。随着农机购置补贴政策惠及范围的扩大，农机购置补贴中央财政资金规模也快速扩张，从 2004 年的 7800 万元，逐年攀升至 2016 年的 237.55 亿元，2017 年降至 186 亿元，14 年增长了 200 多倍。

农机购置补贴政策的实施对农户行为、农业劳动生产率和农业机械化水平、农机工业都产生了巨大影响。首先表现在农户的购机热情高涨，2004 年全国农民个人投入农业机械购置费用只有 237.50 亿元，2016 年高达 580 亿元左右，12 年增长了 144.21%。同时，农业机械化水平也有极大提高，2004 年全国农业综合机械化水平仅为 34.32%，而 2016 年全国农业综合机械化水平高达 65.20%，12 年全国农业综合机械化水平增长了近一倍。此外，农机购置补贴政策实施 10 多年来，也是中国农机工业快速发展的黄金时期，规模以上农机企业（划分标准在 2011 年发生变化，从主营业务收入 500 万元以上提高到 2000 万元以上）数量从 2004 年的 122 家增长到 2016 年的 2319 家；规模以上农机企业主营业务销售产值从 2004 年的 510.62 亿元增长到 2016 年的 4516.39 亿元，12 年增加了近 8 倍；规模以上农机企业净利润从 2004 年的 9.8 亿元增长到 2016 年的 255.24 亿元。

那么，农机购置补贴都会让哪些人倾向于购买农机？哪些人购买服务？农机购置补贴政策会促进农机作业社会化服务吗？毕竟近年来随着农机保有量的饱和，农机跨区作业范围开始不断萎缩（赵红梅，2017）。

同时，农机购置补贴资金的持续投入，对农业机械化水平起到了巨大的促进作用，然而这种促进的边际效率是稳定的吗？近年来补贴投入力度越来越大，农机保有量越来越多，但农机化水平似乎并未同比例提升。

此外，农机购置补贴政策对农机工业企业的繁荣促进效果似乎并不是永续的。近年来开始不断出现亏损农机企业数同比增加的报道（中国农机工业网 a，2017；中国农机工业网 b，2017），拖拉机等主要补贴产品销量也出现大幅度下滑（张华光，2017），作为农机工业龙头企业的一拖股份 2017 年净利润降幅高达 70% 以上（一拖股份，2018），而国内最大的农机流通经销企业吉峰农机 2017 年净利润降幅则高达 363.60% 以上（吉峰农机，2018）。那么，农机购置补贴政策真的提升了农机工业企业营运绩效和盈利能力吗？

对于以上问题的回答，有助于系统、科学评价农机购置补贴政策的效果，而目前关于农机购置补贴虽然有大量研究，但这些研究对以上问题均未能有效回答。

二　研究目标

通过本研究，系统回答农机购置补贴政策对农户购机或购买农机作业社会化服务行为、对农机保有量和农业机械化水平边际影响及其变化、对农机工业企业营运绩效和盈利能力产生的影响及其变化。进而全面科学评价农机购置补贴政策的效果效率，为农机购置补贴政策的改进提出政策建议。

第二节　分析框架与研究内容

一　逻辑框架与研究范围界定

图 1–1 展示了本书研究农机购置补贴对农户行为、农业机械化

和农机工业影响的分析逻辑框架。

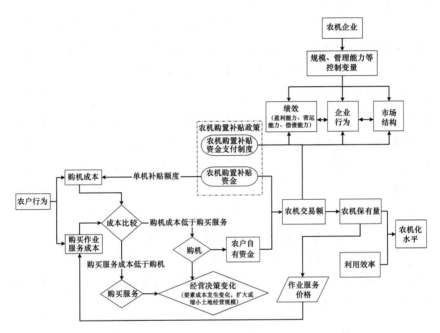

图1-1 农机购置补贴与农户行为、农机化发展、农机企业关系

对于农户来说，可以选择购买农机或者购买农机作业服务，具体选择哪一个取决于哪一个成本更低，而农机购置补贴可以有效降低购买农机的成本，因此静态来看农机购置补贴将促进农户购买农机而降低农机作业社会化服务需求。但动态看，农户购买了更多农机后，全社会农机保有量增加，会导致农机作业服务供给增加，进而有可能降低作业服务价格，会让那些不打算购买农机而原先使用人工作业的农户更愿意购买农机作业社会化服务。因此不能简单地判断农机购置补贴政策是促进了还是降低了农机作业社会化服务需求。但由于农机购置补贴无论是影响了购机成本还是影响了购买作业服务的成本，都影响了生产要素成本，进而会对农户扩大生产规模或是缩小生产规模的经营行为产生影响。由于首先影响的是农户人工作业、购买农机或者购买服务的行为进而传导到扩大或缩小经营规模的行为，因此扩大或缩小经营规模的行为属于间接影响，本书不作为研究重点，仅研究农户购机行为或购买服务行为决策。

对于农机化水平来说，农机购置补贴必然刺激全社会农机购买需求，进而增加全社会农机保有量，促进农业机械化水平提高。但这种刺激的边际效果是否恒定和可持续，需要深入研究。

对于农机企业来说，虽然农机购置补贴资金是给农户的，但由于刺激了农机需求，进而增加了农机销售量，因此首先会影响农机企业的绩效，绩效的变化进而会影响企业进入或退出农机行业行为、研发行为、价格歧视行为、营销行为等，市场结构进一步也会发生相应变化，如果均深入研究，一方面篇幅太大，另一方面数据可获得性存在一定问题。因此，本书将农机购置补贴政策对农机工业企业的绩效影响作为研究重点，而盈利能力、偿债能力、营运能力三大指标是企业绩效的重要判断指标，其中盈利能力尤能体现企业绩效的变化，因此本书研究农机购置补贴政策对农机工业企业的绩效影响聚焦在对农机企业盈利能力影响上。

二　研究内容

为深入厘清购机补贴政策对农户行为、农业机械化、农机企业的影响，本书将进一步展开相关研究，全书的主要研究内容如下：

（1）绪论。本部分包括研究目标与意义、机理分析与研究内容、研究方法、技术路线、创新与不足等内容。

（2）文献综述。本部分从农机化对改造传统农业的意义、农机购置补贴政策对农户行为、农业机械化和农机工业的影响等方面，展开文献综述。

（3）中国农业机械化发展环境、现状与重点。本部分系统分析中国农业机械化发展环境、现状、未来重点。

（4）中国农机购置补贴政策演变。本部分简要叙述中国农机购置补贴政策出台背景、补贴资金与补贴范围演变、补贴具体制度演变。

（5）农机购置补贴政策对农户购机行为的影响。本部分将构建数理分析模型，深入分析农机购置补贴对农户是购买农机还是购买服务的行为影响，并运用农业部经管司固定观察数据进行情景模拟和实证分析。

（6）农机购置补贴政策对农业机械化的影响。本部分通过理论分析提出假说，并构建计量模型，运用宏观数据展开深入分析农机购置补贴政策对农机保有量的影响、对农业机械化水平的影响，以及边际影响随时间变化的趋势。

（7）农机购置补贴政策对农机企业盈利能力的影响。本部分通过理论分析，指出农机购置补贴政策及其制度演化对于农机企业盈利能力的影响，并提出假说，然后构建计量模型，运用中国工业企业数据库数据进行实证研究。

（8）结论与政策建议。本部分总结前述研究成果，提出具体的政策建议。

第三节　研究方法

本书对关键部分采用数理推导、经济学图文理论分析、构建计量模型、运用数据实证研究等方法，提出假设并验证。具体方法详见后续章节。

第四节　技术路线

本书技术路线见图 1 - 2。

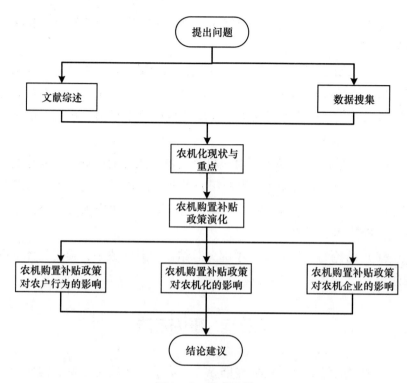

图 1 - 2　技术路线

第二章　文献综述

本章从农机化对改造传统农业的意义、农机购置补贴政策对农户行为、农业机械化和农机工业的影响等方面，展开文献综述。

第一节　农业机械化对改造传统农业的意义

著名经济学家、经济学诺贝尔奖获得者 Schultz（1964）认为传统农业中的农户是理性的，在一个竞争的市场机制中，传统小农户就是在特定的资源和技术条件下的"资本主义企业"，他们在农业经营中，"生产要素配置效率低下的情况是比较少见的"，其经营目标是追求利润最大化，其经营行为是"贫困但有效率的"。但是，既然要素配置是合理的，为什么传统农业停滞、落后？Schultz 认为根源在于传统农业中对原有生产要素增加投资的收益率低，对储蓄和投资缺乏足够的刺激。因此，传统农业不能通过现有资源的再配置来提高生产率，改造传统农业的出路就在于引入先进的、新的有利生产要素。比如新的耕作技术、更好的种子品种、更有效的动力来源以及更便宜和有效的肥料等。对可以带来新生产要素供给的农业研究和将使用这些新要素的农民进行教育培训，将为农业技术变革和生产率增长提供基础。这一理论被广泛接受，为发展中国家改造传统农业、发展现代农业指明了方向。

而农业机械化是现代农业重要的物质基础，是标准化栽培技术、精准施肥施药技术等现代农业生产技术的重要载体，可以大幅度提高劳动生产率和土地产出率，特别是大幅度提高劳动生产率。因此，农业机械化技术正是 Schultz 所指的"先进的、新的有利生产要素",是打破原有低水平生产力循环的先行军。

有关农业补贴的大量研究表明,无论是否与农业生产挂钩,农业直接补贴政策都会不同程度地影响农业经营主体的生产决策和经营行为(Baffes and Meerman, 1998),使农业产值、农业投资(Tuteja, 2004)、农产品生产水平(朱满德等,2015)、农业机械化水平(曹阳、胡继亮,2010)等发生变化。

第二节　农机购置补贴政策对农户的影响

农机购置补贴作为农业补贴政策的重要组成部分,得到了国内外学者广泛关注和大量研究。通过对中国知网的期刊库、博士论文库、硕士论文库、报纸库、会议库,以篇名同时包含"农机""补贴"这两个关键词进行检索,发现涉及这一主题的文献数量众多,且在2009 年达到 1080 篇的峰值,但其中有质量的研究并不多,如 CSSCI 收录的仅 17 篇。分别以"farm machinery"+"subsidy"或"agricultural machinery"+"subsidy"为标题关键词,在 EBSCO 外文期刊数据库中均只检索到 6 篇。

其中关于农机购置补贴是否会影响农户购机行为是有争议的。一些人认为农机购置补贴政策对于农户购机行为只是短暂冲击,长期来看影响不大。如 Cole R. Gustafson, Peter J. Barry, and Steven T. Sonka (1988)等人的研究表明,价格支持、降税、利息贴息等财税公共政策只会影响农户购机时间而不会影响购机总量。

但另外一些研究则表明农机购置补贴政策确实刺激了农户购机。如曹光乔、周力、易中懿(2010)的研究表明农机购置补贴政策对农户购机行为有诱致性,特别是处于相对弱势的农户往往更容易受到补贴政策的诱致而选择购买补贴农业机械。苏晓宁(2012)的调研表明,农机购置补贴政策确实刺激了农户的购机需求,但因局部农机保有量过多导致单台农机作业量下降。胡凌啸、周应恒(2016)的研究也表明,农机购置补贴政策显著提高了农机作业服务供给者对大型农机的需求，但该研究同时表明对大型农机需求的促进作用最为强烈的是农机作业收入，因此农户自身通过作业追求收益最大化才是决定是否购买农业机械的第一原动力。

部分文献研究了农机购置补贴政策对农户收入的影响。周振、张琛、彭超等（2016）基于2003—2008年中国县级层面的面板数据，利用农机具购置补贴政策在县级层面"先试点、再逐步推广"的准自然实验特征，运用双重差分模型与工具变量估计方法，衡量了农业机械化对农民收入的作用效果，研究结果表明由于农机购置补贴促进了农业机械化水平，显著促进了农民收入的提高。许广月（2011）运用中国30个省份1978—2007年的面板数据对农业机械化与农民收入的关系进行实证研究的结果表明：从长期来看，中国东部和西部地区存在农业机械化和农民收入的双向因果关系，而中部地区存在从农业机械化到农民收入的单向因果关系。也就是说，能促进农业机械化发展的农机购置补贴政策对中国农民收入有显著正向影响。

亦有文献研究了农机购置补贴政策或农业机械化水平高低对农户种植行为的影响。如洪自同、郑金贵（2011）的研究表明农机购置补贴政策显著影响了农户水稻播种面积扩大的行为。张宗毅、杜志雄（2015）的研究表明，由于农业机械化水平差异导致了粮食作物和非粮作物劳动生产率存在显著差异，进而使得规模经营主体更倾向于种植粮食而非经济作物，不用担心"非粮化"问题。

当然，也有文献对农机购置补贴政策是否真的给农户带来好处提出了质疑。比如陆建珍、徐翔（2014）的研究表明领取购机补贴的养殖户的购机成本比未领取者更高。

第三节 农机购置补贴政策对农业影响

农机购置补贴政策最直接的影响是扩大农机需求、增加农机保有量进而推高农业机械化水平，大量文献研究也证实了这一点。如张宗毅等（2009）的研究表明每增加约88亿元农机购置补贴，全国农机化水平就提高1个百分点。高于强（2010）的研究表明，30个地区中央与地方财政安排的农机购置补贴对农机总动力这一中间指标的影响是显著的，在其他投入保持不变的情况下，单位面积土地上的农机购置补贴每增加1%，单位面积土地上的农机总动力平均增长0.09%。钟真、刘世琦、沈晓晖（2018）利用8个省54个县的县级层面数据研究表明农机购置补贴显著影响了县域农业机械化水平。

农机购置补贴政策对农业产出的影响。王欧、杨进（2014）利用2011年和2012年农业部全国农村固定观察点农户数据分析了包括农机购置补贴在内的农业四项补贴对农户粮食生产的影响，研究结果表明农业补贴对粮食产量、播种面积和资本投入都有显著的正向影响。李农、万祎（2010）认为农机购置补贴政策促进了农机保有量增长，同时也降低了农机作业价格。

第四节　农机购置补贴政策对农机工业影响

部分文献从贸易角度或产业发展评述角度对农机工业展开了研究。（1）贸易角度的研究主要集中在中国农机产品出口的比较优势或影响因素。以"农机"＋"贸易"为篇名关键词在中国知网一共检索出1769篇文献，其中CSSCI期刊收录仅6篇。如连小璐、田志宏（2004）的研究表明了中国整体农机产品竞争力变化情况；姚蕾、田志宏（2006）研究了在中国农机产品出口中市场规模效应、市场分布效应和竞争力效应各自的作用及贡献；张萌、张宗毅（2015）基于引力模型研究了中国农机产品出口贸易流量的促进因素和限制因素；张萌、谢建国（2016）分析了中国农机产品出口技术复杂度变化趋势及其在全球中的排位。（2）对农机产业发展评述的文献大多以定性评论为主。以"农机工业"或"农机行业"或"农机产业"为篇名关键词，一共检索出2391篇文献，其中CSSCI期刊收录仅2篇。这些文献认为中国农机工业存在产业集中度较低（杨锋、白人朴、杨敏丽，2007）、低端产品过剩、高端产品和薄弱环节的产品供给不足、服务同质化严重等问题（韩旭等，2011；王艳红，2016），中国农机工业缺乏原创性自主知识产权的高端技术产品（洪暹国，

2016；杨洪博，2015；邢玉升，2013），企业需要不断进行结构调整和管理升级，转变粗放的发展方式，由高速度、高增长向高质量、高效益转变（宁学贵，2014）；但亦有文献表明（杜浦、卜伟，2014）中国农机产业竞争力在2003—2011年得到了快速增长。

只有个别的文献研究了农机购置补贴政策对农机工业的影响。如周应恒等（2016）通过测算中国农机行业的技术效率并检验其与农机购置补贴之间的关系，发现农机购置补贴政策的实施并未起到促进中国农机行业技术效率提高的作用。

第五节　农机购置补贴政策对农机社会化服务的影响

实际上，农机作业社会化服务在中国已经蓬勃发展多年，利用小麦南北成熟时间差从南到北的跨区作业早在20世纪90年代就兴起，每年三夏期间多个国家部委联合发文为跨区作业机手提供高速免费通行、优先加油、治安管理等各种便利，收获上的时间跨度使跨区作业的作业规模扩大进而能够满足高价值农业机械的最小经济规模（Xiaobo Zhang，Jin Yang，Reardon Thomas，2017）。有文献（宗锦耀，2008；白仁朴，2011）认为与欧美通过大农场实现农业机械化的路径不同，中国找到了以社会化服务为特色的中国特色农业机械化发展道路，实现了小农户与大生产的对接，在小农户为主的背景下实现了农业机械化水平的快速提高。但其实农机作业社会化服务并非中国特例，无论以大农场为主的发达国家美国[①]，还是印度（Kamboj Parminder，Khurana Rohinish，Dixit Anoop，2012）、孟加拉国（Mottaleb Khondoker A. 等，2017）、加纳（Diao Xinshen，Cossar Frances，Houssou Nazaire 等，2014）这样的农场规模偏小的发展中国家，农机作业社会化服务都普遍存在。

关于购买农业机械和购买农机作业服务，有大量文献运用多元

---

① 参考 https：//uschi. com，为 U. S. Custom Harvesters，Inc. 主页，美国有不少这类提供各个环节农机作业服务的公司或中介公司。

方差分析法、probit 或 logit 二元选择模型研究两者的影响因素（Thomas G. Johnson，William J. Brown and Kevin O'Grady，1985；曹光乔、张宗毅，2008；刘玉梅、田志宏，2009；宋修一，2009；纪月清，2011；王志刚、申红芳、廖西元，2011；刘雨松，2014；颜玄洲、孙水鹅、欧一智，2015；Chen Ji，Hongdong Guo，Songqing Jin 等，2017），通过计量模型，找出了个人及家庭特征（农户年龄、受教育程度、接受培训经历、家庭财富、家庭劳动力状况等）、经营特征（经营面积、种植结构、土地细碎化等）、环境特征（地形地貌、地区经济水平等）、政府行为（购机补贴、作业补贴或环境规制行为）等影响购机或购买服务的因素。但这些文献均单一研究购买农机或购买某个环节的农机作业服务影响因素，未能将二者进行结合研究。同时，这些文献均未能从机理上阐明农户购机或购买服务的决策，仅用计量模型从统计学上对其影响因素的显著性进行检验。少数文献通过数理推导认为劳动力价格上升会导致机械投入增加（郑旭媛、徐志刚，2017），但由于使用的是宏观数据，仍然未能阐明微观决策机理，且没有考虑农机作业效率，进而不能解释农户为何选择不同功率的农业机械。

　　部分文献从社会分工的角度阐述了农机作业服务出现的内在机理。如蔡建（2017）认为在人工成本上升和农机购置补贴加大的背景下，人工相对机械的成本越来越高诱发了农户对农业机械化的需求，但小规模的农户无法负担较高的农机购置成本，而社会分工产生的农机作业服务有利于成本分担，进而满足了农户需求。罗必良（2008）则认为农业生产的迂回程度大大低于工业生产，农业必须通过购买机器从工业"进口"分工经济和迂回生产效果，才能实现部分的效率改进。龚道广（2000）认为农业社会化服务的产生是源于购买服务的农户购买服务支付的成本加上购买服务的交易成本（谈判、签订合同、监督执行、违约风险等）小于等于自己完成某环节生产作业消耗的成本。农机作业社会化服务显然可以显著降低农业生产成本，Ji Yueqing、Hu Xuezhi、Zhu Jing 等（2017）的研究表明：在中国农业劳动力老龄化背景下，具体某类作物的农机作业服务可获得性甚至影响了农户种植作物结构的决策，农机作业服务可获得性低的作物由于劳动力成本高而被放弃种植。张宗毅、杜志雄（2015）的研究亦表明，由于粮食生产农业机械化发展快于蔬菜生产机械化发展，以至于规模大的家庭农场粮食种植面积占比会提高，蔬菜种植面积占比会下降。

然而，是什么决定了农户是购买农机还是购买服务？又是什么决定了农户在不同功率的农业机械之间进行选择？农机作业服务市场对农户购机决策有什么影响？农机购置补贴政策对农户购机决策又有何影响？目前并无相关文献做深入探讨。

第六节　小结

通过以上文献综述，可以发现：（1）已有关于农机购置补贴政策对农户购机行为影响的研究，大多以计量分析为主，缺乏数理分析，未能解释清楚哪类农户会购买农机、哪类农户会购买农机作业服务，农机购置补贴政策又如何对不同类别的农户造成冲击。（2）已有关于农机购置补贴政策对农机保有量和农机化水平的研究大多重点研究多年的平均边际影响，未能分年度分析边际影响的变化，无法了解历年来农机购置补贴政策的补贴效率变化情况。（3）已有关于农机购置补贴的研究较多地集中在政策对农户购机决策、农户收入的影响和对农机化发展、农机保有量的影响，仅有少量文献研究其对农机产业的影响，但多侧重于农机工业发展的现状、问题和对策等，对农机工业盈利能力几乎没有涉足，更没有从微观角度研究购置补贴政策对农机工业企业盈利能力的影响。

基于此，本书将重点从以下三方面展开研究：

（1）通过数理推导分析农户购买农机还是购买社会化服务的机理，并分析农机购置补贴政策对农户行为的影响。

（2）研究农机购置补贴政策对农机保有量和农机化水平的影响及其随时间变化的趋势。

（3）农机购置补贴政策对农机工业企业盈利能力的影响。

此外，在展开以上三方面的研究之前，本书还将分析中国农业机械化发展现状、重点与趋势以及农机购置补贴政策具体制度的演变，以作为核心研究内容的背景知识。

第三章　中国农业机械化发展
环境、现状与重点

本章从自然环境、政治法律环境、经济环境、社会环境、种植结构、技术供给环境等方面分析了中国农业机械化发展环境；分区域、分作物描述了中国农业机械化发展现状；同时，通过分析未来分区域、作物和环节农业机械化发展潜力空间来分析了未来一段时间中国分区域和作物的农业机械化发展重点。

第一节　中国农业机械化发展环境

一　自然环境

自然因素中对农业机械化发展影响最大的是地形地貌，一般来说，地形越平坦的地方，越容易通过使用大型农业机械实现机械化，地形越复杂的地方，则越难以实现机械化。为了横向比较各省耕地地貌，本书采用各省耕地中平地面积所占百分比来衡量耕地资源各省地形地貌，具体见图 3－1。

从图 3－1 可以看出，中国东北地区（黑龙江、吉林、辽宁、内蒙古）、新疆地区（新疆）、华北平原（北京、天津、河北、山东、河南）、长江中下游平原（江苏、上海、安徽）地形条件相对较好，平地占耕地面积比例均在 60% 以上，部分省份在 80% 以上，因此这些地区的农业机械化水平发展较快；而南方低缓丘陵区（湖北、湖南、江西、福建、浙江、广东、广西、海南）、西北及黄土高原区（山西、陕西、宁夏、甘肃、青海、西藏）地形条件略差，平地占耕地面积比例均在60％以下，部分省份在20％—40％，因此农业机械化水平发展速度次之；而西南丘陵山区各省地形条件最为恶劣，平地占耕地面积比例均在20％以下，农业机械化水平发展在全国靠后。

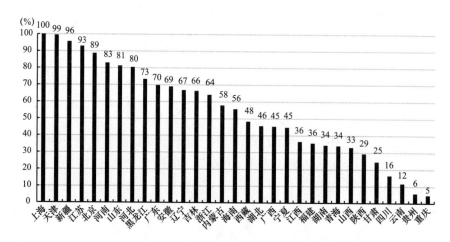

图3-1 中国各省平地占耕地比例

资料来源：笔者根据中科院人地关系数据库整理所得。

一个区域的种植制度对农业机械化水平的影响也至关重要，一般来说，种植机械化技术成熟的作物的地区，机械化水平发展较快；同时，复种指数较低的地区由于需要更大的耕地面积才能保障一定收入，因此通常人均耕地面积要比复种指数较高地区的要大，因此农忙季节承担的作业量比较集中，对农业机械的需求更大，所以一年一熟区的农民有更大的动力去购买或使用农业机械。

全国主要分为一年一熟区和一年两熟区（见表3-1）。其中：东北地区为一年一熟区，主要种植玉米、水稻和大豆；新疆地区为一年一熟区，主要种植棉花、玉米、小麦；华北平原为一年两熟区，主要种植玉米、小麦；西北及黄土高原区为一年一熟区，主要种植玉米、小麦；长江中下游平原区为一年两熟区，主要种植水稻、小麦；南方低缓丘陵区为一年两熟区或不稳定的一年三熟区，主要种植水稻；西南丘陵山区为一年两熟区，主要种植水稻、玉米、薯类等作物。

表 3 - 1 中国熟制分类

分类	区域	熟制
热带雨林低海拔山区	西双版纳、海南岛三亚	一年三熟制
亚热带湿润低海拔山区、平地沿海	华南、东南	一年二熟、三熟制
亚热带半湿润高海拔山区	云贵高原	水旱交错一年二熟制
亚热带半湿润低海拔平原	四川成都平原	一年二熟兼三熟制
亚热带（半）湿润中海拔山区、丘陵	华中	一年二熟制
亚热带（半）湿润中海拔丘陵、平原	江淮	一年二熟兼三熟制
北温带半干旱中低海拔平原	黄淮海及华北平原	一年一熟二熟制
北温带（半）干旱中高海拔山区、平原	西北及青藏	一年一熟兼灌溉二熟农牧制
寒温带半干旱高原	青藏高原	牧区兼一熟农林制
寒温带半湿润低海拔平原、山区	东北	一年一熟农作制

资料来源：蔡承智：《我国农作制特征及县域实证分析》，博士学位论文，中国农业大学，2005 年。

可以看出南方复种指数高、北方复种指数低，这或许是中国南方地区农业机械化水平低于北方的一个重要原因。

二　政治法律环境

鉴于农业机械化在现代农业发展中的地位和作用，近年来党中央、国务院以及各级地方政府都高度重视农业机械化的发展。主要体现在：

（1）农机化法律法规体系建设不断完善。自 2004 年颁布《中华人民共和国农业机械化促进法》以来，陆续出台了《农业机械安全监督管理条例》《拖拉机登记规定》《拖拉机驾驶培训管理办法》《联合收割机及驾驶员安全监理规定》《农业机械试验鉴定办法》《农业机械维修管理规定》《农业机械质量调查办法》等部门规章，各地也出台了 40 多部有关农机化工作的行政规章。

（2）农机化公共服务体系不断健全。目前中国已经逐步形成了以农机化推广系统、农机化试验鉴定系统、农机安全监理系统、农机化学校、农机化信息中心为实体的农机化公共服务体系。同时，各级财政对农机化一般行政事业支出费用的投入也以年均超过13%左右的速度增加，示范基地、培训设施、试验鉴定仪器、安全监理装备等农机化公共服务条件和手段得到一定程度的改善。

（3）农机化扶持力度不断加大。不但出台了农机购置补贴政策，扶持力度从2004年的7000万元增加到目前的180多亿元；而且农业部还出台了深松补贴政策，一些省份依据本省实际情况也开展了机插秧作业补贴、秸秆还田作业补贴、机库棚建设补贴、贷款贴息等政策，补贴政策不断丰富与完善，补贴力度不断加大。

可以看出，目前农业机械化发展面临的政治法律环境非常良好。

三　经济环境

当前，中国经济发展进入新常态，正从高速增长期变为减速换挡期，国内农业生产成本快速攀升，大宗农产品价格普遍高于国际市场，农业基础设施薄弱，农业资源紧缺，开发过度、污染加重，气候变化及农业生态环境压力加剧，病虫害及自然灾害频繁发生，农业机械化、信息化程度不高，土地产出率、资源利用率、劳动生产率偏低等问题进一步显现。如何在资源环境硬约束下保障农产品有效供给和质量安全、提升农业可持续发展能力，如何加快创新步伐、提高农业竞争力，是必须面对的一个重大考验。未来几年，迫切需要通过农业机械化与信息化融合、与农艺融合，显著提高农业资源利用率、劳动生产率和土地产出率，充分挖掘农业机械化在"一控两减三基本"中的潜力，发展资源节约型、环境友好的农业机械化技术体系。

虽然宏观经济增速下行，但中国农村居民家庭人均收入速度快于GDP增速，近5年增速超过9%，农村居民收入的稳步提高使得农机和农机服务购买能力更强。

四　社会环境

2010年全国第六次人口普查数据表明，相比1990年，全国农林牧渔业劳动力40岁以上人数占比从31.20%上升到61.10%，上升了近30个百分点，同时40岁以上的农业劳动力中又有56.52%大于50

岁。至今已过去了8年多，农业劳动力老龄化状况已进一步加剧，根据典型调研，目前农业劳动力平均年龄在50岁以上。农业劳动力老龄化的同时，呈快速减量化趋势。随着存量农业劳动力老龄化和新生代农民子女主要到非农产业就业，预计在10—20年内，全国农业劳动力数量将有半数比例下降。在农业劳动力数量快速下降的背景下，要保证农业生产就必须快速提高劳动生产率，这为农业机械化的快速发展提供了巨大的空间。可以预计，未来由于经营规模的扩大，大型农业机械的需求将逐渐成为主流。

劳均播种面积越高，则对农机化需求越强烈，显然排除其他因素下农机化水平也可能越高。目前中国除新疆、东北和长江下游平原地区劳均播种面积高于10亩外，其他区域劳均播种面积均不足9亩，全国平均不足10亩。未来随着农业劳动力老龄化和减量化加剧，各区域农业机械化水平将更快推进。

五　种植结构

近年来各区域主要农作物种植面积占农作物种植总面积比例见表3-2。

表3-2　　　近年来各区域主要农作物种植面积占农作物种植
总面积比例　　　　　　　　　　单位:%

	年份	小麦	水稻	玉米	大豆	油菜	马铃薯	花生	棉花	蔬菜	甘蔗
	2008	16.40	1.58	13.05	1.57	1.86	0.21	0.07	38.30	4.33	0.00
	2009	24.74	1.55	12.83	1.82	1.65	0.49	0.10	30.22	5.62	0.00
	2010	23.54	1.41	13.74	1.56	1.47	0.70	0.08	30.69	6.38	0.00
	2011	21.63	1.42	14.61	1.56	1.29	0.91	0.07	32.87	6.47	0.00
新疆	2012	21.10	1.35	16.70	1.08	1.16	0.52	0.09	33.58	5.99	0.00
	2013	21.51	1.29	17.67	1.13	0.84	0.56	0.09	32.97	5.69	0.00
	2014	20.70	1.36	16.51	1.05	0.88	0.61	0.06	35.40	5.62	0.00
	2015	21.53	1.15	16.71	1.00	0.76	0.47	0.09	33.08	8.45	0.00
	2016	21.97	1.18	15.66	1.00	0.58	0.49	0.06	30.77	5.57	0.00

续表

	年份	小麦	水稻	玉米	大豆	油菜	马铃薯	花生	棉花	蔬菜	甘蔗
东北平原	2008	2.56	13.76	38.83	19.31	0.80	3.89	1.21	0.02	4.14	0.00
	2009	2.80	13.02	38.20	18.29	0.74	3.66	1.45	0.01	3.66	0.00
	2010	2.81	13.79	39.26	15.91	0.73	3.47	1.66	0.02	3.68	0.00
	2011	2.83	14.17	40.45	13.93	0.71	3.55	1.73	0.03	3.86	0.00
	2012	2.64	14.43	43.13	11.57	0.87	3.38	1.73	0.02	4.03	0.00
	2013	2.25	14.68	45.58	10.55	0.89	3.20	1.70	0.01	3.93	0.00
	2014	2.24	14.39	46.50	10.66	0.99	2.85	1.55	0.01	3.87	0.00
	2015	1.99	14.06	47.90	9.92	0.98	2.64	1.50	0.00	4.45	0.00
	2016	2.26	15.44	47.67	12.74	1.01	3.02	1.75	0.00	3.83	0.00
华北平原	2008	33.07	2.42	25.71	2.50	1.19	0.43	6.32	6.56	13.61	0.03
	2009	33.05	2.46	26.38	2.37	1.21	0.39	6.24	5.85	13.65	0.01
	2010	33.08	2.47	26.70	2.25	1.23	0.45	6.27	5.40	13.79	0.01
	2011	33.12	2.48	27.02	2.18	1.19	0.49	6.27	5.31	13.91	0.01
	2012	33.29	2.52	27.34	2.17	1.17	0.48	6.21	4.56	14.11	0.01
	2013	33.26	2.50	27.84	2.09	1.16	0.49	6.26	3.97	14.24	0.01
	2014	33.40	2.51	28.37	1.96	1.12	0.46	6.23	3.41	14.29	0.01
	2015	33.51	2.51	28.87	1.80	1.08	0.51	6.20	2.91	16.54	0.01
	2016	33.73	2.47	28.74	1.76	1.01	0.95	6.36	2.50	14.40	0.01
长江下游平原地区	2008	26.45	27.02	6.56	7.27	6.75	0.05	1.76	4.10	11.53	0.16
	2009	26.43	27.01	6.68	7.11	7.14	0.05	1.69	3.56	11.90	0.05
	2010	26.40	26.87	6.85	6.85	6.80	0.05	1.75	3.41	12.51	0.05
	2011	26.66	26.84	7.24	6.49	6.38	0.06	1.70	3.47	12.79	0.04
	2012	27.07	26.89	7.32	6.41	6.10	0.09	1.67	2.81	13.34	0.04
	2013	27.19	26.94	7.50	6.29	5.81	0.05	1.66	2.60	13.66	0.04
	2014	27.31	27.01	7.61	6.21	5.62	0.05	1.67	2.34	13.91	0.04
	2015	27.48	27.14	7.85	6.01	5.36	0.04	1.66	1.92	16.49	0.04
	2016	27.69	27.60	7.85	6.13	4.98	0.04	1.65	1.47	14.58	0.04

续表

年份	小麦	水稻	玉米	大豆	油菜	马铃薯	花生	棉花	蔬菜	甘蔗
	2008	22.50	1.55	24.11	3.76	3.94	10.35	0.32	1.80	8.23	0.00
	2009	23.19	1.53	25.37	3.56	4.24	10.00	0.30	1.38	8.66	0.00
	2010	22.22	1.52	27.23	3.44	4.21	10.02	0.29	1.13	8.82	0.00
黄土	2011	21.54	1.46	27.75	3.38	4.12	10.22	0.30	1.07	9.02	0.00
高原	2012	20.88	1.52	28.28	3.31	3.99	10.02	0.31	0.94	9.61	0.00
及 西北	2013	20.08	1.49	28.73	3.10	3.91	10.22	0.29	0.71	9.92	0.00
地区	2014	19.59	1.46	29.03	2.82	3.84	9.92	0.30	0.61	10.22	0.00
	2015	19.52	1.42	29.09	2.74	3.74	9.69	0.28	0.44	12.26	0.00
	2016	19.29	1.42	28.61	2.85	3.73	9.87	0.28	0.31	10.71	0.00
	2008	3.04	42.86	4.02	1.59	7.26	0.98	2.86	2.28	16.91	3.79
	2009	2.99	42.32	4.32	1.56	7.98	1.17	2.91	1.93	16.96	3.66
	2010	2.98	41.23	4.33	1.54	8.00	1.32	2.95	2.01	16.89	3.56
南方	2011	3.00	40.73	4.57	1.52	8.03	1.43	3.00	2.07	17.26	3.60
低缓	2012	3.11	40.33	4.84	1.56	8.16	1.45	3.14	1.97	17.70	3.69
丘陵 区	2013	3.16	40.00	4.79	1.54	8.37	1.55	3.06	1.77	18.05	3.68
	2014	3.12	40.10	4.91	1.60	8.47	1.63	3.10	1.50	18.59	3.54
	2015	3.19	39.93	5.15	1.60	8.43	1.64	3.17	1.23	20.96	3.20
	2016	3.18	39.53	5.06	1.69	8.18	1.59	3.22	0.96	19.76	3.10
	2008	9.27	18.94	16.46	2.34	6.85	7.11	1.58	0.09	11.68	1.50
	2009	8.95	18.60	16.31	2.38	7.66	8.43	1.64	0.08	12.15	1.40
	2010	8.71	18.23	16.62	2.37	7.81	8.48	1.65	0.07	12.72	1.37
西南	2011	8.49	18.04	16.32	2.34	7.79	8.55	1.61	0.07	13.25	1.38
丘陵	2012	8.17	17.63	16.13	2.31	7.78	9.07	1.62	0.07	13.81	1.47
山区	2013	7.82	17.55	16.04	2.24	7.83	9.11	1.59	0.06	14.40	1.50
	2014	7.50	17.39	16.06	2.25	7.97	9.32	1.61	0.06	15.03	1.48
	2015	7.19	17.27	15.98	2.26	8.05	9.34	1.62	0.05	16.16	1.36
	2016	6.98	17.20	15.82	2.31	8.08	9.46	1.63	0.04	16.16	1.22

续表

	年份	小麦	水稻	玉米	大豆	油菜	马铃薯	花生	棉花	蔬菜	甘蔗
全国	2008	15.11	18.71	19.11	5.84	4.22	2.99	2.72	3.68	11.44	1.12
	2009	15.15	18.47	19.44	5.73	4.54	3.17	2.73	3.09	11.48	1.06
	2010	14.90	18.35	19.97	5.23	4.53	3.20	2.78	2.98	11.67	1.04
	2011	14.75	18.27	20.38	4.79	4.47	3.30	2.78	3.06	11.94	1.05
	2012	14.63	18.17	21.12	4.32	4.48	3.34	2.80	2.83	12.27	1.08
	2013	14.43	18.14	21.73	4.06	4.50	3.36	2.77	2.60	12.51	1.09
	2014	14.33	18.04	22.10	4.05	4.52	3.32	2.74	2.51	12.74	1.05
	2015	14.30	17.89	22.58	3.85	4.46	3.27	2.73	2.25	14.54	0.95
	2016	14.51	18.11	22.06	4.32	4.40	3.46	2.84	2.01	13.40	0.92

资料来源：笔者根据 2008 年至 2016 年《中国农业统计资料》整理得到。

可以看出：

（1）对于新疆地区，主要作物为棉花、小麦和玉米，其中棉花种植比例有明显下降趋势。

（2）对于东北地区，主要作物水稻、玉米种植比例大幅度上升，而大豆种植比例则快速下降，考虑到水稻收割机亦可兼收大豆，因此对农机装备结构影响不大。

（3）对于华北平原，主要作物小麦种植面积占比相对稳定，而玉米种植面积稳步上升，今后玉米播种机、玉米收割机的需求将上升。此外，花生种植面积亦较为稳定，鉴于花生收获机械化水平较低的现状，今后对花生收获机械需求亦将增大。而棉花种植面积占比较小而且快速下降，鉴于该地区棉花机收处于未起步状态，估计今后对棉花收割机的需求随着种植面积下降也不会有太大提升。

（4）对于长江下游平原地区，小麦、水稻种植面积占比均相对稳定，小麦种植比例还略有上升，考虑到该区域收割机以稻麦兼收机型为主，今后该区域对稻麦联合收割机需求变化不大。同时注意到，该区域玉米种植面积上升、大豆和油菜种植面积逐步下降，棉花种植面积快速下降，因此该区域今后玉米联合收割机需求将增大，而大豆、油菜因为可用稻麦联合收割机收获而不影响装备需求，只会在一定程度上降低装备利用率。

（5）对于黄土高原及西北地区，主要作物小麦种植比例略有下降，而玉米种植比例小幅上升，今后对玉米收割机的需求将有所增加。

（6）对于南方低缓丘陵区，水稻、小麦、玉米种植比例基本稳定，油菜种植比例略有上升，甘蔗（主要在广西）种植比例基本稳定。

（7）对于西南丘陵山区，水稻、小麦、玉米种植比例均有所下降，而油菜、马铃薯种植面积有所上升，考虑到该区域播种、收获环节机械化水平均较低，今后该区域对稻麦收割机、玉米联合收割机的需求均将有所增加，同时油菜、马铃薯的收获机械也将增加。

另外，大多数区域蔬菜种植比例是上升的，相关机械需求亦将增加。

总的来看，近年来全国稻麦种植比例略有下降但基本稳定，玉米种植比例升幅较大，大豆、棉花种植比例下降幅度较大，马铃薯种植比例略有上升，油菜、花生、甘蔗种植比例基本稳定。目前稻麦联合收割机基本饱和，而玉米收割机保有量还不足，今后玉米收割机需求将进一步增加，棉花收割机需求将会下降，其他除蔬菜生产机械外基本稳定。另外，本书没有考虑养殖业的快速发展，未来养殖机械需求亦将快速增加。

六 技术供给环境

中国农机工业经过 2004 年以来的"黄金十年"大发展，农机工业总产值从不到 900 亿元增长到 4000 亿元左右，农机工业得到显著发展。国产农机门类不断丰富，已经形成内燃机、拖拉机、运输机械、收获机械、牧业机械、拖内配件等诸多细分行业，并形成完整的农机工业体系。同时，本土农机企业不断发展壮大，目前规模以上农机企业已有 2000 多家，并培育了中国一拖、福田雷沃、中联重机、山东五征、江苏悦达、江苏沃得、星光农机等一大批实力雄厚、具有自主研发能力、竞争力较强的农机企业。此外，约翰迪尔、凯斯纽荷兰、爱科、久保田等国际农机巨头也纷纷在国内通过建厂或并购方式进入。总的来说，如果不考虑是否国产化问题，中国主要粮、棉、油、经、畜禽养殖农机装备技术供给能力尚可。

第二节　中国农业机械化发展现状

一　历史趋势

图 3 - 2 展示了 1978—2016 年中国的机耕水平、机播水平、机收水平，可以看出：2003 年之前发展缓慢，1980—2003 年耕种收综合机械化水平仅从 21.57% 提高到 32.47%，提高仅 10.9 个百分点；而 2003—2016 年耕种收综合机械化水平却从 32.47% 提高到 65.19%，提高了 32.72 个百分点。可见农业机械化发展在实施农机购置补贴政策之后得到了提速。此外，还可以看到随着农业机械化的发展和推进，机播、机收环节的机械化水平与机耕环节的机械化水平差距在不断缩小。

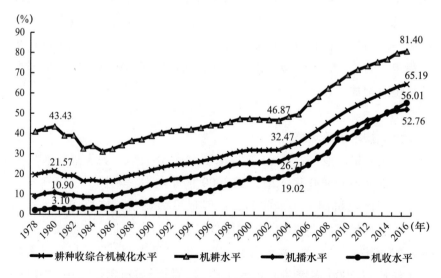

图 3 - 2　中国历年耕、种、收机械化水平及综合机械化水平

资料来源：笔者根据历年《全国农业机械化统计年报》《全国农业统计提要》整理计算获得。

二 发展现状

目前，中国各区域种植业耕种收综合机械化水平见图 3 - 3。可以看出，目前全国各区域耕种收综合机械化水平差距较大。其中：新疆地区、东北地区的耕种收综合机械化水平相对较高且较为接近，分别为 89.35% 和 91.05%；华北平原和长江下游平原区的耕和收两个环节机械化水平比较接近，但种植环节华北平原远远高于长江下游平原地区（显然长江下游平原地区受制于水稻种植机械化的薄弱环节），综合机械化水平分别为 79.08% 和 74.42%；黄土高原及西北地区和南方低缓丘陵区的耕和收两个环节机械化水平较为接近，但同样黄土高原及西北地区的种植环节机械化水平远远高于南方低缓丘陵区（南方低缓丘陵区种植环节受制于水稻种植机械化水平），综合机械化水平分别为 56.84% 和 48.89%；而西南丘陵山区与其他地区的农业机

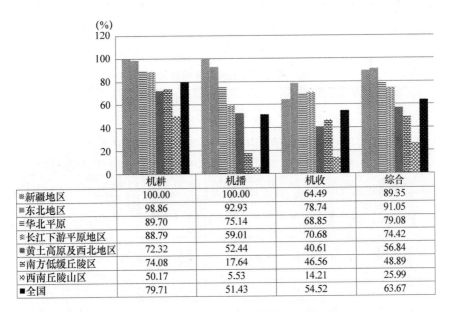

	机耕	机播	机收	综合
▨新疆地区	100.00	100.00	64.49	89.35
▥东北地区	98.86	92.93	78.74	91.05
▤华北平原	89.70	75.14	68.85	79.08
▧长江下游平原地区	88.79	59.01	70.68	74.42
▨黄土高原及西北地区	72.32	52.44	40.61	56.84
▥南方低缓丘陵区	74.08	17.64	46.56	48.89
▨西南丘陵山区	50.17	5.53	14.21	25.99
■全国	79.71	51.43	54.52	63.67

图 3 - 3 2016 年各区域耕、种、收机械化水平

资料来源：笔者根据《2016 年全国农业机械化统计年报》和《2016 年全国农业统计提要》整理所得。

械化水平差距是全方位的，机耕水平与倒数第二的黄土高原及西北地区相差 22.15 个百分点；机收水平只有 14.21%，与倒数第二、第三的黄土高原及西北地区和南方低缓丘陵区分别相差 26.40 个和 32.35 个百分点。

分区域、分作物机械化水平见表 3-3。可以看出：

（1）小麦：小麦机械化水平整体较高。其中机耕水平除西南丘陵山区只有 91.54% 以外，其他区域均超过 95% 甚至达到 100%；关于机播水平，新疆、东北地区、华北平原、长江下游平原地区均超过 90% 甚至达到 100%，黄土高原及西北地区达到 80.60%，只有南方低缓丘陵区和西南丘陵山区分别只有 49.82% 和 21.34%；关于机收水平，除西南丘陵山区只有 45.59% 和黄土高原及西北地区只有 79.99% 以外，其他地区均高于 90%。可见，小麦生产机械化水平提升空间主要在小麦播种面积占全国小麦播种面积 5.07% 的西南丘陵山区，但考虑到地形限制，今后提升空间相对较小。

表 3-3　　　　　　　2016 年各区域主要作物机械化水平　　　　　单位:%

区域	小麦			水稻			玉米		
	机耕	机播	机收	机耕	机播	机收	机耕	机播	机收
新疆地区	100.00	100.00	99.62	100.00	68.83	93.52	100.00	100.00	77.79
东北地区	97.95	96.76	94.27	99.22	94.95	95.79	100.00	98.38	79.79
华北平原	99.87	98.26	98.57	91.09	46.25	86.93	96.32	93.74	83.28
长江下游平原地区	100.00	93.82	99.44	97.87	64.31	95.00	100.00	87.44	76.66
黄土高原及西北地区	95.10	80.60	79.99	91.43	39.75	76.66	98.46	77.15	52.79
南方低缓丘陵区	100.00	49.82	92.74	99.04	28.38	89.87	63.30	12.25	13.16
西南丘陵山区	91.54	21.34	45.59	82.57	13.25	49.55	62.44	1.32	1.49
全国	99.16	87.19	92.26	96.19	42.60	85.41	94.36	78.92	65.23

区域	大豆			油菜			马铃薯		
	机耕	机播	机收	机耕	机播	机收	机耕	机播	机收
新疆地区	41.23	50.04	35.66	59.43	100.00	92.06	78.41	76.74	60.60
东北地区	92.88	97.34	94.78	39.88	94.78	91.21	90.25	76.53	68.72
华北平原	48.35	70.82	48.85	81.19	33.66	35.36	93.27	56.91	59.73
长江下游平原地区	40.79	56.99	53.90	78.55	26.42	40.55	81.59	0.00	0.00
黄土高原及西北地区	35.11	23.17	7.26	68.24	32.35	22.88	72.50	35.35	33.45
南方低缓丘陵区	53.68	6.83	7.79	79.24	26.74	43.92	64.43	4.55	6.94
西南丘陵山区	24.27	0.08	0.19	70.29	7.77	12.48	30.83	0.83	1.24
全国	68.62	68.34	63.75	74.15	25.16	34.73	57.85	25.20	24.01

区域	花生			棉花			其他作物		
	机耕	机播	机收	机耕	机播	机收	机耕	机播	机收
新疆地区	100.00	100.00	100.00	100.00	100.00	41.96	100.00	100.00	53.58
东北地区	73.56	69.49	62.95	61.22	61.22	61.22	82.01	75.40	45.71
华北平原	74.57	66.94	50.88	87.62	66.42	0.24	63.18	26.11	19.98
长江下游平原地区	92.26	39.87	22.86	89.07	0.51	0.00	54.64	13.05	23.08
黄土高原及西北地区	30.27	18.38	3.35	85.16	73.99	2.05	43.24	25.64	13.73
南方低缓丘陵区	64.94	5.32	6.20	85.32	2.01	0.77	44.88	4.51	9.24
西南丘陵山区	25.33	0.27	0.05	0.84	0.00	0.00	22.96	2.20	2.97
全国	68.18	43.07	33.91	93.84	72.45	22.83	49.63	21.11	16.58

资料来源：笔者根据《2016 年全国农机化统计年报》和《2016 年中国农业统计资料》整理得到。

（2）水稻：各区域差距较大，同时种植环节机械化水平整体较低。对于水稻种植面积占全国水稻种植面积 15.39% 的东北地区，其水稻生产无论是机耕、机械种植还是机收水平，都超过 94%，基本上实现机械化；对于水稻种植面积占全国水稻种植面积 15.43% 的长江下游平原区，其水稻生产机耕水平、机收水平均高于 95%，但机械种植水平只有 64.31%；对于水稻种植面积占全国水稻种植面积 50.56% 的南方低缓丘陵区，其水稻生产机耕水平、机收水平也相对 较高，分别达到 99.04% 和 89.87%，但其种植机械化水平仅仅为 28.38%；对于水稻种植面积占全国水稻种植面积 14.87% 的西南丘 陵山区，机耕水平虽然达到 82.57%，但机播水平只有 13.25%，机 收水平只有 49.55%。可见，对于水稻生产机械化，提升空间主要在 于提高南方低缓丘陵区的水稻机械种植水平和西南丘陵山区的机械种 植水平与机收水平，但由于地形限制，短期内实现难度较大，特别是 西南丘陵山区。

（3）玉米：玉米主要生产环节中机收是薄弱环节。对于玉米播种 面积占全国玉米播种面积 39.01% 的东北地区，其玉米耕地、播种环 节机械化水平均达到 100%，收获环节机械化水平也达到 79.79%；对于玉米播种面积占全国玉米播种面积 27.19% 的华北平原，其玉米 耕地、播种环节机械化水平均达到 90% 以上，收获环节机械化水平 也达到 83.28%；对于玉米播种面积占全国玉米播种面积 11.16% 的 黄土高原及西北地区，其玉米机耕、机播水平分别为 98.46% 和 77.15%，而机收水平只有 52.79%；对于玉米播种面积占全国玉米 播种面积 11.23% 的西南丘陵山区，其机耕、机播、机收水平全面落 后，特别是机播、机收水平均不足 2%。可见，对于玉米生产机械 化，今后的提升空间在于东北地区、华北平原、黄土高原及西北地区 大力提高机收水平；西南丘陵山区由于玉米种植地形恶劣（在西南丘 陵山区，玉米一般种植在坡地），中长期内预计不会有太大提升空间。

（4）大豆：除大豆播种面积占全国大豆播种面积 53.21% 的东北 主产区大豆耕、种、收机械化水平较高外，播种面积占全国大豆播种 面积 14.34% 的长江下游平原地区和占全国大豆播种面积 8.52% 的华 北平原耕、种、收机械化水平均较低。可见，大豆的机械化生产水平 提升，主要空间在东北地区以外的其他地区，但是考虑到大豆播种面 积在其他地区占当地农作物播种面积除长江下游平原地区为 6.13% 以外，其他地区均低于 4%，属于小类作物，因此未来提升空间也较 为有限。

（5）油菜：油菜的机播、机收水平均较低。其中：对于油菜播种面积占全国油菜播种面积 11.46% 的长江下游平原地区，油菜机播和机收水平分别只有 26.42% 和 40.55%；对于油菜播种面积占全国油菜播种面积 43.05% 的南方低缓丘陵区，油菜机播和机收水平分别只有 26.74% 和 43.92%；对于油菜播种面积占全国油菜播种面积 28.77% 的西南丘陵山区，油菜机播和机收水平均在 10% 左右。可见，对于油菜生产机械化，今后主要的提升空间在长江下游平原地区和南方低缓丘陵区、西南丘陵山区。

（6）马铃薯：马铃薯主产区的马铃薯播种与收获机械化水平均较低。对于马铃薯播种面积占全国马铃薯播种面积 15.76% 的东北地区，马铃薯机耕水平达 90.25%，机播和机收水平分别为 76.53% 和 68.72%，相对其他主产区较高；对于马铃薯播种面积占全国马铃薯播种面积 24.51% 的黄土高原及西北地区，其马铃薯机耕水平为 72.50%，机播和机收水平分别为 35.35% 和 33.45%；对于马铃薯播种面积占全国马铃薯播种面积 10.65% 的南方低缓丘陵区，机耕水平为 64.43%，机播和机收水平均不足 7%；对于马铃薯播种面积占全国马铃薯播种面积 42.75% 的西南丘陵山区，机耕水平仅为 30.83%，机播和机收水平不足 2%。考虑到在南方低缓丘陵区和西南丘陵山区，马铃薯主要种植在地形条件较差的地块，因此未来马铃薯生产机械化的提升空间主要在东北地区和黄土高原及西北地区。

（7）花生：播种和收获机械化水平均较低。其中：对于花生播种面积占全国花生播种面积 11.13% 的东北地区，其花生机播、机收水平均超过 60%；对于花生播种面积占全国花生播种面积 46.82% 的华北平原，机播水平为 66.94%，机收水平仅为 50.88%；对于花生播种面积占全国花生播种面积 26.26% 的南方低缓丘陵区，其花生机播水平和机收水平均在 6% 左右。同时，各区域花生播种面积占各区域农作物总播种面积比重，除华北平原以外，其他地区均低于 4%。因此，今后花生生产机械化水平的提升空间主要在东北地区和华北平原。

（8）棉花：棉花机收水平十分低下。其中：对于棉花播种面积占全国棉花播种面积53.97%的新疆地区，棉花机耕、机播水平均达到100%，但机收水平只有41.96%；对于棉花播种面积占全国棉花播种面积25.95%的华北平原，棉花机收水平不足1%；对于棉花播种面积分别占全国棉花播种面积15.69%和10.18%的南方低缓丘陵区与长江下游平原地区，棉花机播、机收水平均不足2.1%。同时，棉花播种面积占各区域农作物总播种面积比重除新疆达到30.77%以外，其他区域均不足3%，属于小宗作物，因此预计未来棉花生产机械化主要提升空间在新疆地区。

（9）其他作物：其他作物的耕、种、收机械化水平均较低，全国平均水平分别为49.63%、21.11%和16.58%。其他作物包含蔬菜、甘蔗、甜菜、烟叶、麻类、茶叶、水果等作物，这些作物的生产机械化难度较大，特别是种植与收获机械化难度较大，今后提升空间较小。

第三节　未来一段时间中国农机化发展重点

一　重点区域分析

分别将各区域机耕面积、机播面积、机收面积除以全国农作物播种面积再乘上权重（耕0.4、播0.3、收0.3，同时，计算机耕环节贡献时全国农作物播种面积剔除免耕播种面积），得到各区域分环节对全国种植业耕种收综合机械化水平的贡献百分点，见表3-4。

表3-4　　　　2016年各区域分环节对全国耕种收综合机械化
水平贡献百分点　　　　　　单位:%

区域	机耕水平	机播水平	机收水平	合计
新疆	1.58	1.06	0.68	3.32
东北地区	7.36	5.03	4.27	16.66
华北平原	5.72	4.71	4.31	14.74
长江下游平原地区	3.72	1.79	2.15	7.66
黄土高原及西北地区	2.61	1.35	1.05	5.01

区域	机耕水平	机播水平	机收水平	合计
南方低缓丘陵区	7.58	1.23	3.24	12.05
西南丘陵山区	3.32	0.26	0.67	4.25
全国	31.90	15.43	16.36	63.69

资料来源：笔者根据《2016 年全国农机化统计年报》和《2016 年中国农业统计资料》整理得到。

从表 3-4 可以看出：

（1）从区域来看，目前对全国耕种收综合机械化水平贡献最高的是东北地区，其次是华北平原，南方低缓丘陵区位列第 3，长江下游平原地区位列第 4，其他依次是黄土高原及西北地区、西南丘陵山区和新疆地区。

（2）从环节来看，目前机耕环节对全国耕种收综合机械化水平贡献百分比最高，达 31.90 个百分点；其次是机播和机收环节，分别是 15.43 个和 16.36 个百分点。

将各区域农作物播种面积除以全国农作物播种面积得到的百分比再乘以权重（耕 0.4、播 0.3、收 0.3），即得到各区域各环节机械化水平对全国耕种收综合机械化水平最大贡献值（假定未来种植结构不发生变化），见表 3-5。

表 3-5　　　各区域分环节对全国耕种收综合机械化水平
贡献百分点最大值　　　　　单位：%

区域	机耕环节	机播环节	机收环节	合计
新疆	1.41	1.06	1.06	3.53
东北地区	7.22	5.42	5.42	18.06
华北平原	8.35	6.26	6.26	20.87
长江下游平原地区	4.05	3.04	3.04	10.13
黄土高原及西北地区	3.44	2.58	2.58	8.60
南方低缓丘陵区	9.26	6.95	6.95	23.16

续表

区域	机耕环节	机播环节	机收环节	合计
西南丘陵山区	6.26	4.70	4.70	15.66
全国	40.00	30.00	30.00	100.00

资料来源：笔者根据《2016 年全国农机化统计年报》和《2016 年中国农业统计资料》整理得到。

将表 3 - 5 中的数值与表 3 - 4 中的对应数值相减，即得到各区域在目前农机化发展水平基础上，对全国耕种收综合机械化水平贡献数值的剩余空间，见表 3 - 6。

表 3 - 6　　　各区域分环节对全国耕种收综合机械化水平贡献
百分点剩余空间　　　　　　　　　　单位：%

区域	机耕环节	机播环节	机收环节	合计
新疆	- 0.17	0.00	0.38	0.21
东北地区	- 0.14	0.39	1.15	1.40
华北平原	2.63	1.55	1.95	6.13
长江下游平原地区	0.33	1.25	0.89	2.46
黄土高原及西北地区	0.83	1.23	1.53	3.60
南方低缓丘陵区	1.68	5.72	3.71	11.11
西南丘陵山区	2.94	4.44	4.03	11.41
全国	8.10	14.57	13.64	36.31

注：表中出现负值，主要是计算机耕水平公式为：机耕面积／（播种面积 - 免耕播种面积），而免耕播种面积较大时就会出现该问题。

资料来源：笔者根据《2016 年全国农机化统计年报》和《2016 年中国农业统计资料》整理得到。

从表 3 - 6 可以看出：

（1）从区域来看，今后发展空间最大的两个区域是南方低缓丘陵区和西南丘陵山区，这两个区域对全国耕种收综合机械化水平贡献数值的剩余空间分别高达 11.11 个和 11.41 个百分点，这两个区域耕种收全方面落后于其他地区，亟须大力发展；位列第 3 的是华北平原，对全国耕种收机械化水平贡献剩余空间为 6.13 个百分点，主要是玉米收获环节的剩余空间；位列第 4 的是黄土高原及西北地区，该区域未来对全国耕种收综合机械化水平贡献剩余空间为 3.60 个百分点，该区域耕种收各环节还都有提升空间；其他依次是长江下游平原地区、东北地区和新疆。

（2）从环节上看，今后耕、种、收各环节均有发展空间，其中播种和收获环节机械化发展空间都较大。

二 重点作物与环节分析

分别将各类作物机耕面积、机播面积、机收面积除以全国农作物播种面积并乘上权重（耕 0.4、播 0.3、收 0.3，同时，计算机耕环节贡献时全国农作物播种面积剔除免耕播种面积）再加总，得到各类作物分环节对全国种植业耕种收综合机械化水平的贡献百分点，见表 3-7。从表 3-7 可以看出：

（1）目前对全国耕种收综合机械化水平贡献最大的作物是玉米、水稻、小麦三大粮食作物，这三类作物的贡献百分点分别达到13.69、14.72 和 16.07，三者合计达到 44.48 个百分点，占 2016 年全国耕种收综合机械化水平 63.69% 的 69.84%，而这三类作物播种面积占全国农作物播种面积的比重合计只有 54.69%，显然农机化发展在种植业中存在严重不平衡。

表 3-7　　　　2016 年各作物环节对全国耕种收综合机械化

水平贡献百分点　　　　　　　　　　单位：%

作物	机耕水平	机播水平	机械收获水平	合计
小麦	5.87	3.80	4.02	13.69
水稻	7.77	2.31	4.64	14.72
玉米	6.53	5.22	4.32	16.07
大豆	1.33	0.89	0.83	3.05
油菜	1.46	0.33	0.46	2.25

续表

作物	机耕水平	机播水平	机械收获水平	合计
马铃薯	0.90	0.26	0.25	1.41
花生	0.87	0.37	0.29	1.53
棉花	0.84	0.44	0.14	1.42
其他作物	6.33	1.81	1.42	9.56
合计	31.90	15.43	16.36	63.69

资料来源：笔者根据《2016 年全国农机化统计年报》和《2016 年中国农业统计资料》整理得到。

（2）大豆、油菜、马铃薯、花生、棉花以及包含甘蔗、蔬菜在内的其他作物对全国耕种收综合机械化水平的绝对贡献较少，合计只有 19.20 个百分点；其中，仅机耕环节贡献就达到 11.73 个百分点。

将各类作物播种面积除以全国农作物播种面积得到的百分比再乘以权重（耕 0.4、播 0.3、收 0.3），即得到各类作物各环节机械化水平对全国耕种收综合机械化水平最大贡献值（假定未来种植结构不发生变化），见表 3 - 8。将表 3 - 8 中的数值与表 3 - 7 中的对应数值相减，即得到各类作物在目前农机化发展水平基础上，对全国耕种收综合机械化水平贡献数值的剩余空间，见表 3 - 9。从表 3 - 9 可以看出：

（1）今后玉米、水稻、小麦三大粮食作物对全国耕种收综合机械化水平贡献剩余空间有限，即使耕种收三个环节三大粮食作物均实现机械化，全国耕种收综合机械化水平仅增加 10.20 个百分点，若其他作物机械化水平保持不变全国耕种收综合机械化水平只能达到 73.89%。

（2）大豆、油菜、马铃薯、花生、棉花五类作物的贡献剩余空间主要在于播种和收获环节，这五类作物合计贡献剩余空间为 7.37 个百分点。

（3）其他作物对全国耕种收综合机械化水平贡献剩余空间高达 18.72 个百分点，而其他作物中蔬菜的播种面积高达 47.37%，因此今后应高度重视蔬菜及其他经济作物的种植机械化，只要这些作物的主要环节机械化仍处于较低状态，中国的种植业机械化就不能全面实现。

表 3-8　　　　2016 年各作物分环节对全国耕种收综合机械化

水平贡献百分点最大值　　　　　　单位:%

作物	机耕水平	机播水平	机械收获水平	合计
小麦	5.81	4.35	4.35	14.51
水稻	7.24	5.43	5.43	18.10
玉米	8.83	6.62	6.62	22.07
大豆	1.73	1.30	1.30	4.33
油菜	1.76	1.32	1.32	4.40
马铃薯	1.39	1.04	1.04	3.47
花生	1.13	0.85	0.85	2.83
棉花	0.80	0.60	0.60	2.00
其他作物	11.31	8.49	8.49	28.29
全国	40.00	30.00	30.00	100.00

资料来源:笔者根据《2016 年全国农机化统计年报》和《2016 年中国农业统计资料》整理得到。

表 3-9　　　　各作物分环节对全国耕种收综合机械化水平

贡献百分点剩余空间　　　　　　单位:%

作物	机耕水平	机播水平	机械收获水平	合计
小麦	0.06	0.55	0.33	0.82
水稻	0.53	3.12	0.79	3.39
玉米	2.30	1.40	2.30	5.99
大豆	0.40	0.41	0.47	1.27
油菜	0.30	0.99	0.86	2.15
马铃薯	0.49	0.78	0.79	2.05
花生	0.26	0.48	0.56	1.31

作物	机耕水平	机播水平	机械收获水平	合计
棉花	0.04	0.16	0.46	0.59
其他作物	4.98	6.68	7.07	18.72
全国	8.10	14.57	13.64	36.31

资料来源：笔者根据《2016年全国农机化统计年报》和《2016年中国农业统计资料》整理得到。

第四节　小结

通过本章分析，可以得出以下结论：

（1）从发展环境来看：①地形地貌方面，中国东北地区、长江中下游平原地区、新疆地形条件相对较好，农业机械化水平发展较快；南方低缓丘陵区、西北及黄土高原区地形条件略差，农业机械化水平发展速度次之；西南丘陵山区地形条件最为恶劣，平地占耕地面积比例均在20%以下，农业机械化发展水平全国靠后。②种植制度方面，东北地区、新疆、西北及黄土高原区为一年一熟区，其他区域为一年两熟区，熟制的不同，对农机装备的需求也会有所影响。③政治法律环境方面，中国农机化发展面临的政治法律环境良好。④经济环境方面，中国正面临经济减速换挡、转型升级期，需要农业机械化在改造传统农业、发展现代农业中发挥作用，特别是在节本增效和"一控两减三基本"中发挥应有作用。⑤社会环境方面，中国农业劳动力减量化、老龄化为农业机械化发展提供了巨大空间和机遇。⑥从农业产业结构看，由于需求结构发生变化以及市场竞争条件下的国际分工发生变化，中国玉米种植面积大幅度上升，大豆、棉花种植面积大幅度下降，今后农机装备结构调整应紧紧围绕农业产业结构调整进行。⑦从技术供给环境看，中国主要粮、棉、油、经、畜禽养殖农机装备技术供给能力尚可，但部分高端产品由外资供应。

（2）从农机化发展现状来看：①从区域角度，各区域机械化水平发展差异较大。新疆、东北地区的耕种收综合机械化水平相对较高且较为接近；华北平原和长江下游平原区的耕和收两个环节机械化水平比较接近，但种植环节华北平原远远高于长江下游平原地区（显然长江下游平原地区受制于水稻种植机械化的薄弱环节）；黄土高原及西北地区和南方低缓丘陵区的耕和收两个环节机械化水平较为接近，但同样黄土高原及西北地区的种植环节机械化水平远远高于南方低缓丘陵区（同样，南方低缓丘陵区种植环节受制约水稻种植机械化水平）；而西南丘陵山区与其他地区的农业机械化水平差距是全方位的，机耕水平与倒数第二的黄土高原及西北地区相差 22.15 个百分点；机收水平只有 14.21%，与倒数第二、第三的黄土高原及西北地区和南方低缓丘陵区分别相差 26.40 个和 32.35 个百分点。②从主要作物角度，各类作物各环节机械化水平差异也较大。虽然小麦、玉米、大豆、棉花等机播水平较高，但三大粮食作物中的水稻种植机械化水平仅 42.60%，油菜、马铃薯种植机械化水平仅 25% 左右，花生种植机械化水平也刚超过 40%；虽然小麦、水稻的机收水平较高，但三大粮食作物中的玉米收获机械化水平仍然不足 70%，油菜、马铃薯、花生等收获机械化水平仍在 30% 左右，棉花收获机械化水平刚超过 20%。同时，甘蔗、蔬菜、水果、茶叶等作物的种植、收获、初加工环节机械化水平十分低下。今后农机装备的结构调整，应重点发展薄弱环节的农机装备。

（3）从未来发展重点来看：①从全国各区域角度，今后发展空间最大的两个区域是南方低缓丘陵区和西南丘陵山区，这两个区域对全国耕种收综合机械化水平贡献数值的剩余空间分别高达 11.11 个和 11.41 个百分点，这两个区域机耕、机种、机收全方面落后于其他地区，亟须大力发展；位列第 3 的是华北平原，对全国耕种收机械化水平贡献剩余空间为 6.13 个百分点，主要是玉米收获环节的剩余空间；位列第 4 的是黄土高原及西北地区，该区域未来对全国耕种收综合机械化水平贡献剩余空间为 3.60 个百分点，该区域耕种收各环节还都有提升空间；其他依次是长江下游平原地区、东北地区和新疆。②从全国主要作物角度，今后三大粮食作物对全国耕种收综合机械化水平贡献剩余空间有限，即使耕种收三个环节三大粮食作物均实现机械化，全国耕种收综合机械化水平仅增加 10.20 个百分点，但若其他作物机械化水平保持不变，全国耕种收综合机械化水平只能达到 73.89%。大豆、油菜、马铃薯、花生、棉花五类作物的贡献剩余空间主要在于播种和收获环节，这五类作物合计贡献剩余空间为 7.37 个百分点。其他作物对全国耕种收综合机械化水平贡献剩余空间高达 18.72 个百分点，而其他作物中蔬菜的播种面积高达 47.37%，因此今后应高度重视蔬菜及其他经济作物的种植机械化，只要这些作物的主要环节机械化仍处于低水平状态，中国的种植业机械化就不能全面实现。

第四章　中国农机购置补贴政策演变

本章从粮食连续减产引发粮食安全忧虑、城乡差距持续拉大诱发"三农"问题、国家出台系列反哺农业政策等方面分析了中国农机购置补贴政策出台背景，从补贴资金变化、补贴机具品目变化分析了补贴资金及范围变化情况，从招标选型制度产生与取消、"差价购机"到"全价购机"的支付制度演化，按比例"从价补贴"到按定额"从量补贴"、推广目录的前置条件去留等方面详细分析了补贴政策具体制度演变历程。通过本章的背景知识介绍，为后续再展开进一步的相关研究做好准备。

第一节　农机购置补贴政策出台背景

一　粮食播种面积和产量持续下降，粮食安全问题受到关注

从 1997 年开始，受粮价持续下降的影响，农户粮食种植积极性下降，1997—2003 年作为口粮的稻谷、小麦播种面积了出现了六连减（见图 4 - 1）。其中 2003 年比 1997 年稻谷种植面积下降了16.55%、小麦种植面积下降了 26.82%。

对应地，水稻和小麦的产量也出现大幅度下降，2003 年与 1997 年相比，水稻总产量下降了 19.97%，小麦总产量下降了 29.85%（见图 4 - 2）。

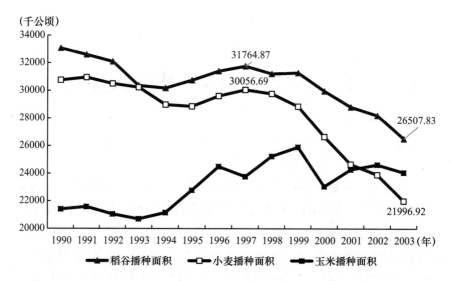

图4-1 1990—2003年中国三大粮食作物播种面积
资料来源：笔者根据历年《中国统计年鉴》整理所得。

图4-2 1990—2003年中国主要粮食产量
资料来源：笔者根据历年《中国统计年鉴》整理所得。

二　城乡差距持续拉大，"三农"问题凸显

图 4 - 3 展示了 1983—2003 年中国城镇居民家庭人均可支配收入与农村居民家庭平均每人收入比值、农村居民家庭平均每人家庭经营收入占总收入比例占比变化情况。

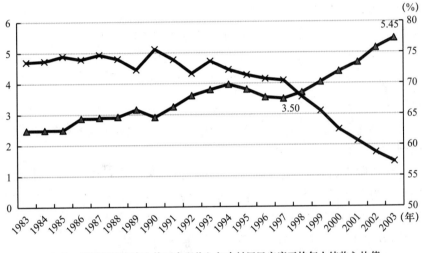

图 4 - 3　1983—2003 年中国城乡居民纯收入、农村居民农业纯收入比例
资料来源：笔者根据历年《中国统计年鉴》整理计算得到。

可以看出：（1）1997—2003 年，虽然农村居民家庭平均每人家庭经营纯收入占总收入比例一直下降，但仍然达到 57.29%，也即是农业经营收入在当时仍然是农民的重要收入来源。（2）这一时期农民家庭平均每人纯收入徘徊不前，而城市居民收入则稳步增长，导致城乡收入差距不断拉大，城市居民人均可支配收入与农村居民家庭平均每人收入比值从 1997 年的 3.50 倍增长到 2003 年的 5.45 倍，持续的城乡差距拉大不利于社会稳定。（3）同时，这一时期农业农村不断暴露出一些问题。2000 年 3 月，时任湖北省监利县棋盘乡党委书

记李昌平在给总理信中列举了农村中触目惊心的危机。李昌平使"三农"问题的危机暴露在公众面前（新华网，2008）。"三农"问题从此被党中央高度重视。

三　工业"反哺"农业，系列支农政策密集出台

基于粮食安全、社会稳定的角度，党中央开始高度重视"三农"问题。2004年，在时隔18年后再次把中央"一号文件"锁定在农业议题上，并从此连续14年一直锁定农业议题。

2004年，胡锦涛同志在党的十六届四中全会上首次提出"两个趋势"的论断，即"在工业化初始阶段，农业支持工业，为工业提供积累带有普遍性的趋向"和"在工业化达到相当程度，工业反哺农业、城市支持农村也带有普遍性的趋向"，由此展开了系列支农政策的密集出台。

在前期农村税费改革试点的基础上，2004年中共中央、国务院决定从当年开始逐步降低农业税税率，并提出5年内全面取消农业税的目标。2005年12月29日，十届全国人大常委会第19次会议决定，自2006年1月1日起国家不再针对农业单独征税。

2004年前后推出的全国范围实施的系列支农政策还包括良种补贴政策、种粮直接补贴、农资综合补贴政策、农机购置补贴政策，带有地域性质的补贴政策有小麦最低价收购政策（小麦主产区）、水稻最低价收购政策（水稻主产区）、玉米临储政策（黑龙江、吉林、辽宁、内蒙古）以及系列防灾减灾稳产支持政策。例如，冬小麦主产区"一喷三防"补助政策、东北水稻大棚育秧补助政策、东北地区抗旱"坐水种"补助政策、南方地区早稻集中育秧补助政策、西南干旱地区玉米覆膜政策等。

对于其中的农机购置补贴政策，2004年中央"一号文件"《中共中央国务院关于促进农民增加收入若干政策的意见》提出"对农民个人、农场职工、农机专业户和直接从事农业生产的农机服务组织购置和更新大型农机具给予一定补贴"，同年6月25日全国人大通过了《中华人民共和国农业机械化促进法》，该法明确提出"中央财政、

省级财政应当分别安排专项资金，对农民和农业生产经营组织购买国家支持推广的先进适用的农业机械给予补贴"。同年，正式开始实施农机购置补贴政策。

第二节　补贴资金与范围演变

一　补贴资金总量变化

2004 年，中国开始实施农机购置补贴政策，农机购置补贴中央资金从 2004 年的 7800 万元增长到 2014 年的 237.55 亿元，2014—2016 年保持稳定，2017 年才开始有所下降至 186 亿元，14 年间累计补贴 1871 亿元（见图 4-4）。

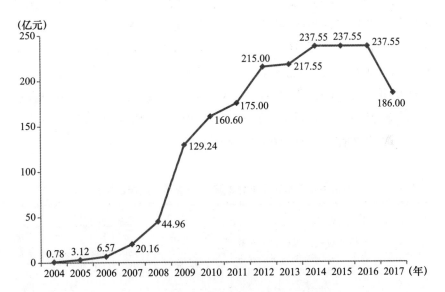

图 4-4　2004—2017 年中国农机购置补贴中央资金投入额度

资料来源：笔者根据历年《全国年农业机械化统计年报》整理得到。

二　补贴机具、区域和对象范围变化

从表 4-1 可以看出以下变化：

（1）补贴范围发生了变化。农机购置补贴政策刚开始实施时，由

于补贴资金有限，无法覆盖绝大部分的农业机械和全部的农牧县，只能选择有限的机具和农牧县。补贴机具种类从 2004 年的只有 6 种增加到 2013 年的 12 大类 48 个小类 175 个品目，补贴区域从 2004 年的 66 个粮食生产大县扩大到目前覆盖全国农牧业县。

（2）补贴对象也发生了变化。2004 年仅限农民个人和直接从事农业生产的农机服务组织，2005 年增加了地方农场职工；2009 年增加了牧民、渔民、取得当地工商登记的奶农专业合作社、奶畜养殖场所办生鲜乳收购站和乳品生产企业参股经营的生鲜乳收购站；2011 年改为农牧渔民、农场（林场）职工、直接从事农机作业的农业生产经营组织；2014 年增加了农民合作社；2015—2017 年不再直接限定农牧渔民身份，改为"直接从事农业生产的个人和农业生产经营组织"，即其他不是农民身份的个人或组织只要从事农业生产均是潜在的购机补贴对象；2018—2020 年补贴对象仍然是"从事农业生产的个人和农业生产经营组织"，但做了进一步解释："其中农业生产经营组织包括农村集体经济组织、农民专业合作经济组织、农业企业和其他从事农业生产经营的组织。"以上补贴对象的演变，与中国农民逐渐从身份名词变为职业名词有关，越来越多的农业规模经营主体可能是大学生村官、农业企业或其他创业者。

表 4-1　　中国历年农机购置补贴政策补贴机具、区域、对象

年份	补贴机具	补贴区域	补贴对象
2004	主要包括拖拉机、深松机、免耕精量播种机、水稻插秧机、收获机、秸秆综合利用机械 6 种机具	在 16 个农业主产省（区、市）的 66 个粮食生产大县	农民个人和直接从事农业生产的农机服务组织
2005	大中型拖拉机、耕作机械、种植机械、植保机械、收获机械、粮食干燥机械 6 大类 18 个品种的机具	全国 31 个省、直辖市、自治区（500 个县），重点向优势农产品集中的主产省、主产县倾斜	农民（含地方农场职工）和直接从事农业生产的农机服务组织

年份	补贴机具	补贴区域	补贴对象
2006	大中型拖拉机、耕作机械、种植机械、植保机械、收获机械、粮食干燥机械6大类19个品种的机具	全国31个省、直辖市、自治区（1080个农牧县）	农民（含地方农场职工）和直接从事农业生产的农机服务组织
2007	大中型拖拉机、耕作机械、种植机械、植保机械、收获机械、粮食干燥机械、排灌机械7大类24个品种的机具	全国31个省、直辖市、自治区（1500个农牧县）	农民（含地方农场职工）和直接从事农业生产的农机服务组织
2008	9大类33个品种的机具，各地可自行增加不超过5种其他机具	覆盖全国所有农牧业县（场）	农民（含地方农场职工）和直接从事农业生产的农机服务组织
2009	耕整地机械、种植施肥机械、田间管理机械、收获机械、收获后处理机械、农产品初加工机械、排灌机械、畜牧水产养殖机械、动力机械、农田基本建设机械、设施农业设备和其他机械12大类38个小类的机具；各地可在12大类范围内自行增加不超过10个品目的其他机具	覆盖全国所有农牧业县（场）	农牧渔民（含农场职工）、直接从事农机作业的农业生产经营组织，以及取得当地工商登记的奶农专业合作社、奶畜养殖场所办生鲜乳收购站和乳品生产企业参股经营的生鲜乳收购站
2010	耕整地机械、种植施肥机械、田间管理机械、收获机械、收获后处理机械、农产品初加工机械、排灌机械、畜牧水产养殖机械、动力机械、农田基本建设机械、设施农业设备和其他机械12大类45个小类180个品目机具；除12大类45个小类180个品目外，各地可以在12大类内自行增加不超过20个品目的其他机具	覆盖全国所有农牧业县（场）	农牧渔民、农场（林场）职工、直接从事农机作业的农业生产经营组织、取得当地工商登记的奶农专业合作社、奶畜养殖场所办生鲜乳收购站和乳品生产企业参股经营的生鲜乳收购站
2011	耕整地机械、种植施肥机械、田间管理机械、收获机械、收获后处理机械、农产品初加工机械、排灌机械、畜牧水产养殖机械、动力机械、农田基本建设机械、设施农业设备和其他机械12大类46个小类180个品目机具；除12大类46个小类180个品目外，各地可以在12大类内自行增加不超过30个品目的其他机具	覆盖全国所有农牧业县（场）	农牧渔民、农场（林场）职工、直接从事农机作业的农业生产经营组织

年份	补贴机具	补贴区域	补贴对象
2012	耕整地机械、种植施肥机械、田间管理机械、收获机械、收获后处理机械、农产品初加工机械、排灌机械、畜牧水产养殖机械、动力机械、农田基本建设机械、设施农业设备和其他机械12大类46个小类180个品目机具；除12大类46个小类180个品目外，各地可以在12大类内自行增加不超过30个品目的其他机具	覆盖全国所有农牧业县（场）	农牧渔民、农场（林场）职工、直接从事农机作业的农业生产经营组织
2013	耕整地机械、种植施肥机械、田间管理机械、收获机械、收获后处理机械、农产品初加工机械、排灌机械、畜牧水产养殖机械、动力机械、农田基本建设机械、设施农业设备和其他机械12大类48个小类175个品目机具；各地可在12大类内自行增加不超过30个品目的其他机具	覆盖全国所有农牧业县（场）	农牧渔民、农场（林场）职工、从事农机作业的农业生产经营组织
2014	耕整地机械、种植施肥机械、田间管理机械、收获机械、收获后处理机械、农产品初加工机械、排灌机械、畜牧水产养殖机械、动力机械、农田基本建设机械、设施农业设备和其他机械12大类48个小类175个品目机具；各地可在12大类内自行增加不超过30个其他品目的机具	覆盖全国所有农牧业县（场）	农牧渔民、农场（林场）职工、农民合作社和从事农机作业的农业生产经营组织
2015—2017	耕整地机械、种植施肥机械、田间管理机械、收获机械、收获后处理机械、农产品初加工机械、排灌机械、畜牧水产养殖机械、动力机械、设施农业设备和其他机械11大类43个小类137个品目	覆盖全国所有农牧业县（场）	直接从事农业生产的个人和农业生产经营组织
2018—2020	耕整地机械、种植施肥机械、田间管理机械、收获机械、脱粒机械、农产品初加工机械、农用搬运机械、排灌机械、畜牧机械、水产机械、农田基本建设机械、设施农业设备、动力机械、其他机械15大类42个小类137个品目	覆盖全国所有农牧业县（场）	从事农业生产的个人和农业生产经营组织（以下简称"购机者"），其中农业生产经营组织包括农村集体经济组织、农民专业合作经济组织、农业企业和其他从事农业生产经营的组织

资料来源：笔者根据历年农业农村部、财政部发布的《农业机械购置补贴实施指导意见》整理得到。

第三节　补贴具体制度演变

一　招标选型制度产生与取消

（一）省部两级招标选型阶段（2004—2010 年）

农机购置补贴额政策刚开始实施的头几年，补贴机具的确定方式是部、省两级招标选型制度，又称为省部两级指定厂家、品牌、型号的制度。

农业部针对全国通用的农业机械进行部级招标选型。对于目前全国通用性较强的机具，由农业部引入竞争机制，统一筛选机具型号，制定当年的全国通用类农业机械购置补贴产品目录（以下简称《通用类机具补贴目录》）。各省、区、市对以上机具不再进行重复选型。例如，2005 年对大中型拖拉机、水稻插秧机、自走式全喂入和半喂入联合收割机 3 类 6 种机具进行统一招标选型；2006 年对大中型拖拉机、水稻插秧机、自走式全喂入和半喂入联合收割机、旋耕机 4 类中的 9 种机具进行统一招标选型；2007 年对拖拉机、收获机械、种植机械、植保机械、耕作机械 5 类中的 14 种机具进行统一招标选型；2008 年沿用 2007 年选型结果；2009 年对拖拉机、收获机械、种植机械、植保机械、耕作机械 5 类中的 11 种机具进行统一招标选型；2010 年对动力机械、收获机械、种植施肥机械、耕整地机械、田园管理机、畜牧水产养殖机械 6 类中的 17 种机具进行统一招标选型。

各省针对其他机械组织本省的招标选型工作。其他类机具由各省级农机管理部门采用竞争机制和程序，统一组织开展省级选型工作，制订本省的年度其他类农业机械购置补贴产品目录（以下简称《其他类机具补贴目录》），中央财政补贴比例由各省、区、市在当年农业部、财政部联合发布的《农业机械购置补贴实施指导意见》规定的补贴率和补贴额以内自行确定。参与筛选的机具必须是已列入《国家支持推广的先进适用的农业机械产品目录》中的产品。

各省、区、市可根据本地实际，对《通用类机具补贴目录》中的补贴种类进行取舍（但不能在某一种类中对各型号的产品进行取舍）

后，与本省、区、市制订的《其他类机具补贴目录》，合并编制本省本年度农业机械购置补贴产品目录，并在上报农业部农业机械化管理司备案无异议后予以公布执行。

（二）指定补贴机具范围阶段（2011年至今）

《2011年农业机械购置补贴实施指导意见》对补贴机具的确定方法表述为：农业部根据全国农业发展需要和国家产业政策确定全国补贴机具种类范围；各省（区、市、兵团、农垦）结合本地实际情况，确定具体的补贴机具品目范围。省级农机化主管部门要将补贴机具品目范围内的，所有已列入国家支持推广目录且承诺在本省（区、市、兵团、农垦）销售的产品和已列入本省级支持推广目录的产品，全部纳入补贴目录，按程序向社会发布并报农业部备案。

《2012年农业机械购置补贴实施指导意见》对补贴机具的确定方法表述为：农业部根据全国农业发展需要和国家产业政策确定全国补贴机具种类范围；各省（区、市、兵团、农垦）结合本地实际情况，合理确定具体的补贴机具品目范围。县级农机化主管部门不得随意缩小补贴机具种类范围，省域内年度补贴品目数量保持一致。补贴机具必须是已列入国家支持推广目录和省级支持推广目录的产品。

《2013年农业机械购置补贴实施指导意见》对补贴机具的确定方法表述为：各省应结合本地实际情况，在农业部确定的175个品目中，选择部分农业生产急需、农民需求量大的品目纳入中央财政补贴机具种类范围。对于价格较低的机具可以不列入补贴范围。县级农机化主管部门不得随意缩小补贴机具种类范围，省域内年度补贴品目数量保持一致。补贴机具必须是已列入国家支持推广目录或省级支持推广目录的产品。

《2014年农业机械购置补贴实施指导意见》对补贴机具的确定方法表述为：各省应结合本地实际情况，突出重点，在农业部确定的175个品目中，缩小范围，选择部分农业生产急需、农民需求量大的品目作为本省中央财政补贴机具种类范围，对于价格较低的机具可以不列入补贴范围，具体由各省确定。提倡有条件的省份选择部分粮食生产耕种收及烘干等关键环节急需的机具品目敞开补贴，满足省域内所有申购者的需求。因补贴资金规模所限当年未能享受到补贴的申购者，可在下一年度优先补贴。县级农机化主管部门不得随意缩小补贴机具种类范围，如确需缩小范围，应由县级农机购置补贴工作领导小组研究提出方案，并报省级农机化主管部门审核；也可由省级农机化主管部门结合本省实际，分区域确定补贴机具种类范围。为进一步推动企业自主经营、公平竞争和消费者自由选择、自主消费，促进农机化科技创新，2014 年选择 1 个省进行补贴产品市场化改革试点，即在补贴机具种类范围内，除被明确取消补贴资格的农机产品外，符合条件的购机者选择购置国家或省级支持推广目录外的产品，也可申请补贴。具体方案报经农业部、财政部同意后实施。除试点省份外，补贴机具必须是已列入国家支持推广目录或省级支持推广目录的产品。补贴机具须在明显位置固定有生产企业、产品名称和型号、出厂编号、生产日期、执行标准等信息的永久性铭牌。

《2015—2017 年农业机械购置补贴实施指导意见》对补贴机具的确定方法表述为：补贴机具必须是在中华人民共和国境内生产的产品。除新产品补贴试点外，补贴机具应是已获得部级或省级有效推广鉴定证书的产品。继续选择个别省份开展补贴产品市场化改革试点，在补贴机具种类范围内，除被明确取消补贴资格的或不符合生产许可证管理、强制性认证管理的农机产品外，符合条件的购机者购置的农机产品，均可申请补贴。

《2018—2020 年农业机械购置补贴实施指导意见》对补贴机具的确定方法表述为：补贴机具必须是补贴范围内的产品，同时还应具备以下资质之一：（1）获得农业机械试验鉴定证书（农业机械推广鉴定证书）；（2）获得农机强制性产品认证证书；（3）列入农机自愿性认证采信试点范围，获得农机自愿性产品认证证书。补贴机具须在明显位置固定标有生产企业、产品名称和型号、出厂编号、生产日期、执行标准等信息的永久性铭牌。

（三）选型制度兴废原因分析

2004—2010 年为什么要实施招标选型制度呢？在 2009 年农业部答记者问中，对于这一问题的回答如下（李瞧，2009）。

农机购置补贴既是一项强农惠农政策，也是一项产业促进政策，开展补贴机具选型是促进产业发展、保证资金使用效果的重要措施。

一是落实《农业机械化促进法》的规定。二是发挥宏观调控作用的需要。该政策不仅是对农民购机给予扶持，更重要的是通过选型确定重点机具种类、机型，鼓励农民购买先进适用、技术成熟、安全可靠、节能环保、服务到位的农机具，促进农机结构调整和更新换代。三是促进农机工业结构调整和技术进步。通过竞争性择优选型，引导广大农机企业改进产品质量，增加研发投入，优化农机产品结构布局。四是严把产品质量关的有效途径。五是保障农民权益的重要举措。在该补贴实施中，农民属于弱势群体，通过选型严格把关，能最大限度地保障农民权益，使补贴政策效应最大化。

总之，在目前情况下，不能对所有农机具都实行补贴，只有农业生产急需、农民需要但购买有困难、符合规定要求的机具种类和机型才能享受国家补贴。

也就是说，选型制度有三重目的，一是通过竞争选型引导农民购买先进适用、技术成熟、安全可靠、节能环保、服务到位的农机具；二是促进农机工业结构调整和技术进步；三是为农民"把产品质量关"以"保障农民权益"。其中第一条是第二条和第三条的必要条件，农业部和各省农机部门肩负甄别农机是否具备"先进适用、技术成熟、安全可靠、节能环保、服务到位"等特征的职能，来达到促进农机工业结构调整和技术进步、为农民"把产品质量关"以"保障农民权益"的效果。

那么，这个职责能够被履行吗？这些效果能够达到吗？几年的实践很快就有了答案。

对于农业部农机主管部门来说，随着农机购置补贴规模的扩大，通过开专家评审会来对数以千计的农机产品是否具备"先进适用、技术成熟、安全可靠、节能环保、服务到位"等特征进行判断的难度越来越大。如 2006 年只有 77 家企业的 461 种产品参选，67 个企业生产的 385 种产品最终中选；但在 2010 年的全国通用类农业机械购置补贴参选文件开封仪式上，有 431 家企业的 2595 种产品投递了参选文件。数以千计的产品，能否靠几天会议就精准判别这些产品是否"先进适用、技术成熟、安全可靠、节能环保、服务到位"？显然是很难做到公正公允的。

对于省级农机主管部门来说，由于可以对在通用目录以外的其他机具展开招标选型，因此具有了通用目录以外农机进入补贴目录的生杀大权，导致了一些腐败现象。

对农机企业来说，如果不是通用类农机，则要分别参加全国 38 个省级单位（包括计划单列市、黑龙江农垦等副省级单位）的农机选型投标，疲于奔命。即使进入了部级农机购置补贴通用目录，还需要去跟各省农机局商谈中标价格，对企业正常经营造成了极大的负担。

由于显而易见的弊端，2011 年开始彻底废除省部两级选型制度，农业部不再指定具体企业具体产品和价格，而只指定补贴机具品目范围。如 2013 年指定了 175 个品目，各省可以根据本省实际情况选择部分农业生产急需、农民需求量大的品目纳入中央财政补贴机具种类范围，农机企业只需要将符合条件（列入国家支持推广目录或省级支持推广目录）的产品参数报备给各省农机主管部门即可。

二　"从价补贴"到"定额补贴"

（一）从价补贴阶段（2004—2010 年）

2004—2010 年，中国农机购置补贴政策具体补贴标准是按照"从价补贴"的方式进行的，不超过机具价格的 30%（2009 年、2010 年对血防疫区、汶川地震区实施特殊政策，给予 50% 的补贴比例）。为了防止单机补贴额度过高，又额外规定了单机补贴绝对额上限。2004—2006 年单机补贴额绝对额上限是 3 万元；2007—2010 年单机补贴绝对额上限是 5 万元，但 2008—2010 年对个别机具的绝对额上限进行了调整，例如，2008 年规定"100 马力以上大型拖拉机和高性能青饲料收获机补贴限额提高到 8 万元，大型棉花采摘机补贴限额提高到 20 万元"；2009 年规定"将 100 马力以上大型拖拉机、高性能青饲料收获机、大型免耕播种机、挤奶机械补贴限额提高到 12 万元"；2010 年规定"100 马力以上大型拖拉机、高性能青饲料收获机、大型免耕播种机、挤奶机械、大型联合收割机、水稻大型浸种催芽程控设备、烘干机单机补贴限额可提高到 12 万元，大型棉花采摘机、甘蔗收获机、200 马力以上拖拉机单机补贴额可提高到 20 万元"（见表 4 - 2）。

表 4 - 2　　　　　　中国农机购置补贴政策补贴标准

年份	补贴标准
2004	补贴资金标准不超过机具价格的 30%，补贴额不超过 3 万元
2005	使用中央资金的补贴率不超过机具价格的 30%，且单机补贴额原则上不超过 3 万元
2006	使用中央资金的补贴率不超过机具价格的 30%，且单机补贴额不超过 3 万元
2007	使用中央资金的补贴率不超过机具价格的 30%，且单机补贴额不超过 5 万元；地方可累加
2008	使用中央资金的补贴率不超过机具价格的 30%，且单机补贴额不超过 5 万元；100 马力以上大型拖拉机和高性能青饲料收获机补贴限额提高到 8 万元，大型棉花采摘机补贴限额提高到 20 万元
2009	全国总体上继续执行 30% 的补贴比例；血防疫区继续执行"以机代牛"50% 的补贴政策，汶川地震重灾区县补贴比例提高到 50%；单机补贴额最高不超过 5 万元的标准，并根据实际需要，将 100 马力以上大型拖拉机、高性能青饲料收获机、大型免耕播种机、挤奶机械补贴限额提高到 12 万元
2010	总体上继续执行不超过 30% 的补贴比例；汶川地震重灾区县、重点血防疫区补贴比例可提高到 50%；单机补贴额原则上最高不超过 5 万元；100 马力以上大型拖拉机、高性能青饲料收获机、大型免耕播种机、挤奶机械、大型联合收割机、水稻大型浸种催芽程控设备、烘干机单机补贴限额可提高到 12 万元；大型棉花采摘机、甘蔗收获机、200 马力以上拖拉机单机补贴额可提高到 20 万元
2011	中央财政农机购置补贴资金实行定额补贴，即同一种类、同一档次农业机械在省域内实行统一的补贴标准；定额补贴按不超过本省（区、市、兵团、农垦）市场平均价格 30% 测算，单机补贴限额不超过 5 万元；汶川地震重灾区县、重点血防区补贴比例可提高到 50%；通用类农机产品补贴额由农业部统一确定，非通用类农机产品补贴由各省（区、市、兵团、农垦）自行确定；100 马力以上大型拖拉机、高性能青饲料收获机、大型免耕播种机、挤奶机械、大型联合收割机、水稻大型浸种催芽程控设备、烘干机单机补贴限额可提高到 12 万元；大型棉花采摘机、甘蔗收获机、200 马力以上拖拉机单机补贴额可提高到 20 万元

年份	补贴标准
2012	中央财政农机购置补贴资金实行定额补贴，即同一种类、同一档次农业机械在省域内实行统一的补贴标准；通用类农机产品补贴额由农业部统一确定，非通用类农机产品补贴额由各省（区、市、兵团、农垦）自行确定，单机补贴限额不超过5万元；非通用类农机产品定额补贴不得超过本省（区、市、兵团、农垦）近三年的市场平均销售价格的30%，重点血防区主要农作物耕种收及植保等大田作业机械补贴定额测算比例不得超过50%；100马力以上大型拖拉机、高性能青饲料收获机、大型免耕播种机、挤奶机械、大型联合收割机、水稻大型浸种催芽程控设备、烘干机单机补贴限额可提高到12万元；甘蔗收获机、200马力以上拖拉机单机补贴额可提高到20万元；大型棉花采摘机单机补贴额可提高到30万元
2013	中央财政农机购置补贴资金实行定额补贴，即同一种类、同一档次农业机械在省域内实行统一的补贴标准；通用类农机产品最高补贴额由农业部统一确定；非通用类农机产品补贴额由各省自行确定，相邻省份应加强沟通、相互协调，防止出现同类产品补贴额差距过大；每档次农机产品补贴额按不超过此档产品在本省域近三年的平均销售价格的30%测算，重点血防区主要农作物耕种收及植保等大田作业机械补贴定额测算比例不得超过50%；一般机具单机补贴限额不超过5万元；挤奶机械、烘干机单机补贴限额可提高到12万元；100马力以上大型拖拉机、高性能青饲料收获机、大型免耕播种机、大型联合收割机、水稻大型浸种催芽程控设备单机补贴限额可提高到15万元；200马力以上拖拉机单机补贴限额可提高到25万元；甘蔗收获机单机补贴限额可提高到20万元，广西壮族自治区可提高到25万元；大型棉花采摘机单机补贴限额可提高到30万元，新疆维吾尔自治区和新疆生产建设兵团可提高到40万元
2014	中央财政农机购置补贴资金实行定额补贴，即同一种类、同一档次农业机械在省域内实行统一的补贴标准；通用类农机产品最高补贴额由农业部统一确定；纳入多个省份补贴范围的非通用类农机产品最高补贴额由农业部委托牵头省组织，有关省份参加共同确定；其他非通用类和自选品目农机产品补贴额由各省自行确定；测算每档次农机产品补贴额时，总体应不超过此档产品近三年的平均销售价格的30%，重点血防区主要农作物耕种收及植保等大田作业机械和四川芦山、甘肃岷县漳县地震受灾严重地区补贴额测算比例不超过50%；相邻省份应加强沟通、相互协调，防止出现同类产品补贴额差距过大；一般机具单机补贴限额不超过5万元；挤奶机械、烘干机单机补贴限额可提高到12万元；100马力以上大型拖拉机、高性能青饲料收获机、大型免耕播种机、大型联合收割机、水稻大型浸种催芽程控设备单机补贴限额可提高到15万元；200马力以上拖拉机单机补贴限额可提高到25万元；甘蔗收获机单机补贴限额可提高到20万元，广西壮族自治区可提高到25万元；大型棉花采摘机单机补贴限额可提高到30万元，新疆维吾尔自治区和新疆生产建设兵团可提高到40万元
2015—2017	中央财政农机购置补贴资金实行定额补贴，即同一种类、同一档次农业机械原则上在省域内实行统一的补贴标准，不允许对省内外企业生产的同类产品实行差别对待；一般农机每档次产品补贴额原则上按不超过该档产品上年平均销售价格的30%测算，单机补贴额不超过5万元；挤奶机械、烘干机单机补贴额不超过12万元；100马力以上大型拖拉机、高性能青饲料收获机、大型免耕播种机、大型联合收割机、水稻大型浸种催芽程控设备单机补贴额不超过15万元；200马力以上拖拉机单机补贴额不超过25万元；大型甘蔗收获机单机补贴额不超过40万元；大型棉花采摘机单机补贴额不超过60万元

续表

年份	补贴标准
2018—2020	中央财政农机购置补贴实行定额补贴，补贴额由各省农机化主管部门负责确定，其中，通用类机具补贴额不超过农业部发布的最高补贴额；补贴额依据同档产品上年市场销售均价测算，原则上测算比例不超过30%；一般补贴机具单机补贴额原则上不超过5万元；挤奶机械、烘干机单机补贴额不超过12万元；100马力以上拖拉机、高性能青饲料收获机、大型免耕播种机、大型联合收割机、水稻大型浸种催芽程控设备单机补贴额不超过15万元；200马力以上拖拉机单机补贴额不超过25万元；大型甘蔗收获机单机补贴额不超过40万元；大型棉花采摘机单机补贴额不超过60万元

资料来源：笔者根据历年农业部、财政部联合发布的《农业机械购置补贴实施指导意见》整理得到。

（二）定额补贴阶段（2011年至今）

2011年之后，中国农机购置补贴标准开始实施"定额补贴"制度，也即是由"从价补贴"变为"从量补贴"。具体来说，每台机具的补贴金额不再是机具本身价格的30%，而是同一种类、同一档次农业机械无论价格差异多大按照同一额度进行补贴。这一额度的确定方式为该类机具"按不超过本省（区、市、兵团、农垦）市场平均价格30%测算"。

此外，这一阶段仍然执行单机补贴最高限额的制度，限额也在不断提高。如2011年规定"100马力以上大型拖拉机、高性能青饲料收获机、大型免耕播种机、挤奶机械、大型联合收割机、水稻大型浸种催芽程控设备、烘干机单机补贴限额可提高到12万元；大型棉花采摘机、甘蔗收获机、200马力以上拖拉机单机补贴额可提高到20万元"；2018—2020年已经提高为"100马力以上拖拉机、高性能青饲料收获机、大型免耕播种机、大型联合收割机、水稻大型浸种催芽程控设备单机补贴额不超过15万元；200马力以上拖拉机单机补贴额不超过25万元；大型甘蔗收获机单机补贴额不超过40万元；大型棉花采摘机单机补贴额不超过60万元"。

（三）"从价补贴"到"定额补贴"原因分析

按比例"从价补贴"的弊端是显而易见的，极容易导致农机制造企业涨价冲动，或者虚报价格进而套取补贴资金。实际操作中也出现了参加选型的农业机械年年涨价的情况，还有部分厂家在选型时报高产品价格，销售时和农民的实际交易价格远低于报价，而"从价补贴"是按照报价或发票上的价格而不是实际交易价的比例进行补贴的，因此就出现了企业套取补贴资金的情况。

同时，"从价补贴"操作成本较高。按照从价方式补贴，需要每年审定各种农机的价格、性能等，操作成本相对较高。而由各省农机部门与厂家确定最终销售价格则为各省农机部门权力寻租提供了方便之门。例如，农业部农业机械化管理司2014年116号文《关于近年来农机购置补贴政策实施部分违纪违法案件的通报》中提到：在陕西胡玺贤案中就发现，省农机局对一些所谓"新产品""高科技产品"不严格进行价格调查就确定补贴额，如某畜禽养殖设备公司报价为6000元/台，补贴额为1800元/台，但实际销售价为3000元/台。陕西省农机局农机购置补贴办公室原工作人员黄海，借主管补贴软件管理信息系统数据工作之便，故意透露尚在研究过程中的补贴额信息，为企业获得高补贴额提供方便，在企业达到目的并实现产品较高销售量后，公然向企业索取"回报"，数额高达60多万元，被判处有期徒刑7年。

而"从量补贴"或"定额补贴"的优势是明显的，主要表现在：（1）能够节约农机购置补贴资金。借鉴从量税和从价税的经济学分析过程，很容易可以得出：要是农机市场交易量提升到某一水平，使用"从量补贴"比"从价补贴"所花费的补贴资金要更少。（2）"从量补贴"简便易行。实行"从量补贴"以后，就不需要再对同类产品不同厂家实行差别补贴，也就不需要审定价格和性能了，能够大大减少农机购置补贴主管部门工作量，简化工作流程，易于操作。（3）减少寻租空间。（4）"从量补贴"鼓励低价竞争，有利于低价产品销售。假设某农机产品市场上有两个厂家，厂家a的农机产品价格为5万元，厂家b的农机产品价格为6万元。如果按照30%的比例从价补贴，则厂家a享受的补贴金额为30% ×5万 =1.5万元，厂家b享受的补贴金额为30% ×6万 =1.8万元，农户如果购买a厂的产品需要支付3.5万元，如果购买b厂的产品需要支付4.2万元；如果按照"从量补贴"的方法，每台补贴金额为1.65万元［即在保持补贴总花费不变的情况下，将补贴总额平均分配到每台农机上，计算式为(5 + 6)×0.3/2 = 1.65万元］，则农户如果购买a厂的产品需要支付3.35万元，如果购买b厂的产品需要支付4.35万元，与从价补贴相比较，农户购买a厂的产品将少支付0.15万元，购买b厂的产品将多支付0.15万元，因此原先打算买b产品的农户也许会转向买a产品，这意味着"从量补贴"将鼓励生产企业降价竞争。

基于以上原因，2011年开始农机购置补贴标准全面实施了"定额补贴"这一"从量补贴"方式。

三 "差价购机"到"全价购机"

2011年以前，全国农机购置补贴资金支付制度实施的是"省级集中支付制，农民差价购机"。也就是中央补贴资金只下达省级财政部门，不再向下拨付，省级财政部门审定农机化主管部门定期出具的补贴资金结算确认清单后，直接将补贴资金支付给相关企业或供货方。农民实行差价购机，凭与县农机局签订的补贴协议，向相关企业或供货方缴纳扣除补贴额后的差价款，就可提货。该项支付制度实施以来，对于减轻购机农民负担起到了一定作用，但也暴露了一些问题。仅2012年，就有重庆、陕西、江西、广西4省（直辖市、自治区）级农机主管领导被"双规"并进入司法程序，被"双规"或调查的县级农机部门主管领导也不少。从这些违规案件来看，主要形式是向经销商或企业索取贿赂和与经销商或企业合谋套取补贴资金两种形式，而这两种职务犯罪的表现形式跟资金集中结算都有莫大的关系：通过掌控资金结算进度影响农机经销商或企业现金使用成本和区域销售量，通过与经销商或企业的资金结算合谋套取，经销商或企业为了生存发展甚至取得非法利益不得不被动或主动配合。

从2012年开始，部分省份开始实施"全价购机、县级结算、直补到卡"的资金结算方式，2013年全面铺开。即农户购机时全款购机，然后凭发票、人机合影等凭证向县农机局申请补贴资金，由县农机部门审核无误后向县财政部门提供补贴资金结算确认清单，然后由县财政部门将补贴资金直接打到申请购机补贴的农户个人银行账户。也有个别省份将权限下放到乡镇农技中心和乡镇财政所。该项支付制度实施以后，腐败案件大幅度下降。

为了更好地对照"差价购机"和"全价购机"在制度设计上的差异，下面运用博弈论基本思想，从违规收益和成本的角度分析各类主体的行为选择。

1. 农机主管部门的行为选择差异

对于各级农机主管部门来说，"差价购机"和"全价购机"的主要差别在于：

（1）事前审批到事后审核导致权力被夺。"差价购机"时，由于有补贴申请报名、补贴指标确认等事前审批环节，基层农机主管部门对农户购机选择权有较大的影响力，而滥用这种影响力的收益显然远远大于成本，因此"差价购机"情况下基层农机主管部门很容易通过资格确定直接向农民索取贿赂、通过影响农民购机选择间接向经销商索取贿赂。而"全价购机"情况下，农户先购机，后凭相关凭证申请购机补贴，基层农机主管部门只有审核权而没有审批权，导致基层农机主管部门失去了直接影响农民购机选择的可能性，也无法因此间接影响到企业或经销商。

（2）集中结算到分散结算导致违规意愿下降。"差价购机"时，由于结算对象是经销商或企业，结算对象较为集中、结算金额较大，较容易通过控制资金结算进度影响到经销商或企业的现金流进而影响其经营成本，从而向结算对象索取贿赂，农机主管部门单次违规收益大风险小；而"全价购机"时，结算对象发生变化，农民成为补贴资金结算对象，结算对象较为分散，单次违规收益非常小，但违规曝光风险和潜在成本却并不比"差价购机"小。类似地，"差价购机"时，农机主管部门与经销商合谋套取补贴资金的单次收益大风险小，而"全价购机"时资金结算对象十分分散，且补贴资金必须打入农民账户，农机主管部门与农户合谋套取补贴资金的单次违规收益小而风险和成本较大。

显然，"全价购机"不仅减少了农机主管部门手中的权力，降低了违规的可能性，同时，显著降低了农机主管部门的违规收益，加大了违规成本，农机主管部门的违规行为也必将大大下降。

2. 农机生产企业和经销商的行为选择差异

对于农机生产企业和经销商来说，"差价购机"和"全价购机"的主要差别在于：

（1）公关对象从政府转向农民。在"差价购机"时，由于农机部门可以通过农户购机意愿控制和资金结算进度甚至结算与否的权力控制，间接和直接控制生产企业和经销商的销售量、资金回笼速度和经营成本，因此，农机经销商和生产企业的相当一部分精力需要投入到公关政府这一行为上来。而在"全价购机"时，农民购机自主选择权得到充分发挥，资金回笼与销售行为同步进行，农机企业和经销商没有动力再对政府进行公关。但与此同时，由于政府控制的减弱，市场进入门槛降低、区域垄断难度加大，竞争变得激烈，购机农户成了新的公关对象。农机企业和经销商必须把更多的精力用于降低产品的价格、提升产品的质量和售后服务，使得农机产品的交易回归市场行为。

（2）套取补贴资金难度增大。在"差价购机"时，由于资金结算对象就是农机企业或经销商，因此这两类主体与农机主管部门合谋或者单独套取补贴资金的难度极低，以至于有报道说个别地方有经销商按照 50 元一张收购农民身份证复印件。但在"全价购机"情况下，补贴资金分散打到购机农户的"一卡通"，农机企业或经销商要套取补贴资金的难度、成本就大大增加了，同时单次套取的收益大大下降，而风险却并没有与之下降。

可以看出，"全价购机"与"差价购机"相比，农机生产企业和经销商将把更多的精力用于产品质量、价格与服务，同时套取补贴资金的冲动得到了遏制。

3. 购机农户或组织的行为选择差异

对于购机农户或组织来说，"差价购机"和"全价购机"的主要差别在于：

（1）补贴资金从"看不见"到"看得见"。很显然，在"差价购机"时，补贴资金到底有多少，购机农户并无直观感受，再加上一些地方的违规操作、市场竞争不充分导致的经销商和厂家乱涨价，使得一些产品补贴后价格甚至跟不补贴的市场价差不多，导致很多购机户产生"补贴都给了企业和经销商"的错觉，让农民对国家的强农惠农政策感官认知大打折扣。而在"全价购机"时，农户要先掏出农机产品交易价格的全部金额，然后再凭相关票据申领补贴资金，补贴资金直接到农户的银行账户，"补给谁、补多少"农民有实实在在的体会。

（2）购机选择权从被遏制到充分发挥。在"差价购机"制度下，前面已经详细阐述过，购机农户的购机自主选择权在一定程度上被抑制，购机农户的真实购机意愿不能充分得到表达，就会在很大程度上影响补贴资金的效益发挥，影响购机农户对补贴政策的认同度。而在"全价购机"制度下，购机农户的购机选择权能够充分发挥，购机结果与购机意愿匹配程度较高，就能够更好地发挥补贴资金效益。

（3）资金垫付压力有所增加，但更加理性。与"差价购机"相比，"全价购机"制度下农户购买农机的资金压力相对大一些，这也是一些人甚至一些农户反对"全价购机"的理由，但我们要看到，"全价购机"制度下农户不需要再支付一些隐性的成本，而"差价购机"制度下产生的公关费用、区域垄断利润最终也是要由购机户承担的。同时，农户显性购机成本增加意味着购机时会更加理性，排除了非理性购机的行为。

总的来说，与"差价购机"相比，"全价购机"剥夺了诱发基层农机主管部门违规的部分权力，降低了基层农机主管部门、农机企业和经销商的违规收益，同时加大了这些主体的违规成本，因此从制度设计上具有较大的优势。目前，全国范围内均已实现"全价购机"。《2018—2020年农机购置补贴实施指导意见》明确指出"县级农机化主管部门、财政部门按职责分工、时限要求对补贴相关申请资料进行形式审核，组织核验重点机具，由财政部门向符合要求的购机者发放补贴资金"。

四　经销商政府指定到厂家指定

2004—2008 年，不仅厂家和产品需要招标选型，大部分省份连经销商也是要进行招标选型，更有甚者直接由农机部门指定。这样一方面破坏了农机制造企业原有的经销渠道，另一方面给各级农机主管部门留下了较大的自由量裁权，进而形成设租寻租空间。

鉴于地方农机主管部门指定经销商的诸多弊端，2009 年农业部、财政部联合发布的《农机购置补贴实施指导意见》明确指出"合理确定补贴机具的经销商是落实好农业机械购置补贴政策的重要环节。补贴机具经销商由农机生产企业自主提出在省（区、市）和兵团范围内的经销商建议名单，报经省级农机主管部门统一发布实施"。

五　补贴机具资质变迁

在 2017 年以前，农机产品是否获得农业机械试验鉴定证书（农业机械推广鉴定证书）是该产品能否成为补贴机具的必要条件。这一前置条件受到了诸多批评，如：（1）拖拉机和植保机械已经列入强制性产品认证目录（3C 认证），相同的技术参数还要再次接受农机鉴定部门重复检测认证；（2）部分农机鉴定机构不严肃，为了收钱而鉴定；（3）一些先进实用的农机新产品因为申请鉴定周期长无法享受补贴。

基于此，《2018—2020 年农业机械购置补贴实施指导意见》将农机补贴资质修改为满足以下三个条件之一，即"（1）获得农业机械试验鉴定证书（农业机械推广鉴定证书）；（2）获得农机强制性产品认证证书；（3）列入农机自愿性认证采信试点范围，获得农机自愿性产品认证证书"。

同时，农业部、财政部开展了农机新产品购置补贴试点工作。2018 年农业部办公厅、财政部办公厅联合发布了《关于做好 2018—2020 年农机新产品购置补贴试点工作的通知》，该通知要求"探索对尚无试验鉴定大纲的农机新产品开展补贴的路径和办法，或者探索现行试验鉴定大纲不能涵盖其新增功能和结构特征的新产品分类分档办法，完善价格、比例等补贴额测算因素的选取方式和确定标准，以补贴试点推动新产品的推广应用，制修订试验鉴定大纲、完善补贴额测算办法，为新产品纳入全国农机购置补贴机具种类范围奠定基础"。

六　缩范围、控定额、促敞开

农机购置补贴政策虽然在实施过程中不断完善，但仍然存在补贴范围越来越宽、部分省份补贴资金紧张、部分省份补贴资金使用结构与本省农业产业结构不匹配等诸多问题，为了提高农机购置补贴中央财政资金使用效率，2015 年全国农机工业工作会议上农业部农机化管理司李伟国司长提出 "2016 年农机购置补贴将继续创新，在补贴方向上实施九字方针：缩范围、控定额、促敞开"。

缩范围，是指为了突出补贴重点，围绕转方式、调结构，将一些低端的、过剩的、低附加值的产品剔除出补贴范围，将不是本区域主要农作物生产机具剔除补贴范围，这有利于降低企业和农机管理部门的风险。控定额，是指对那些市场已饱和、市场价格已下降或者不是当地主导产业发展需求的产品，可以适当降低补贴标准。控定额有四个方面的好处：一是可以发挥财政资金四两拨千斤的撬动作用；二是可以减少补贴政策对市场的过度干预；三是有利于提高补贴机具的使用效率；四是有利于降低企业和管理部门的风险。而所谓促敞开，是指尽量做到在补贴范围内的产品能够敞开补贴。对于不能一步到位的，可以先敞开一些重点产业和重点机具，这样不仅能体现政策的公平性、普惠性，还可以减少操作程序和寻租行为。

第四节　小结

通过本章的梳理总结（表 4 - 3），可以看出，农机购置补贴政策实施以来，具体的机具资质确定制度、补贴比率确定制度、补贴支付制度、经销商管理制度等都发生了较大变化。其中变化最大的是补贴支付制度，从 "差价购机" 向 "全价购机" 变化，对农机制造企业、农机经销商、农户和政府行为都有极大影响。

表4－3   中国农机购置补贴制度变迁

年份	补贴机具范围	补贴金额	支付制度	经销商管理	补贴机具基本资质	补贴对象选择
2004	省部两级招标选型	从价补贴（30％）	差价购机	农机主管部门指定	必须获得农业机械试验鉴定证书	先到先得
2005						
2006						
2007						
2008						
2009						
2010						
2011	所有补贴品目范围内的产品	从量补贴（同类同档相同补贴定额）	全价购机	厂家指定		
2012						
2013						
2014						
2015—2017						
2018—2020					3C认证、自愿性认证	缩范围、控定额、促敞开

资料来源：笔者通过整理历年农业农村部和财政部联合发布的《农机购置补贴指导意见》得到。

第五章　农机购置补贴政策对
农户购机行为的影响

本章首先以耕作环节为例，假定人工、2 种不同价格和作业效率的动力机械，通过数理推导分析无作业服务市场条件下农户选择人工作业还是购买不同机械的决策机理，以及有作业服务市场条件下农户选择购买服务还是购买农业机械的决策机理；接着，以微耕机、50马力拖拉机 2 种动力机械为例，分别从无分工和有分工两个角度分析谁会购买农业机械、谁会购买农机作业服务，以及不同功率和作业效率的机械如何在一个统一的作业服务市场中各自存在；在此基础上，运用 3000 家家庭农场的调查数据，通过简单的分组比较，做了进一步的实证分析。最后提出对策建议。

第一节　农户技术选择理论分析

一　无分工条件下的农户决策模型

在农户之间互相并不交易、无分工的条件下，也即是无作业服务市场条件下，对于某一环节的生产作业，农户要么全部使用人工完成，要么购买农业机械使用农业机械来完成，而购买农业机械也面临着不同功率、价格和作业效率的机械。那么，究竟选择何种技术模式和装备最为经济？显然，应该是最便宜那种。在最终技术效果没有显著差异情况下[①]，最直接的体现，即是完成既定作业任务[②]条件下使用总成本最小的那项技术与装备，抑或是完成既定作业任务条件下单位面积平均使用成本最小的那项技术与装备。

对于具体某个农户，拥有耕地面积 S 亩。现以耕地环节为例，假定完成耕地作业有三种技术模式可以选择：人工和 2 种不同功率、作业效率的动力机械 M1 和 M2。人工成本每天为 w 元/天[③]，作业效率为 f_0 亩/天[④]，单位面积人工成本 w/f_0 元/亩；机械 M1 和 M1 的购置成本分别为 P_1、P_2 元/台，并有 $P_1 \leqslant P_2$；机械 M1 和 M2 的作业效率 f_1、f_2 亩/天，并且有 $f_0 < f_1 < f_2$；机械 M1 和 M2 的使用寿命周期为 T_1、T_2 年，单位面积油耗分别为 O_1、O_2 升/亩，油价为 p_0，年度维护成本分别为 R_1、R_2 元/台，单位面积人工成本[⑤]分别为 w/f_1、w/f_2 元/亩。不考虑资金时间价值，则每种技术选择的总成本、人工成本有满足以下等式。

人工作业平均成本如下：

$$AC_0 = w/f_0 \qquad (5-1)$$

令 $i = 1, 2$，代表两种不同的机械装备即分别为 M1 和 M2；$j = 1$，2，分别代表一年一作区和一年两作区。则 TC_{ij}、AC_{ij} 表示两种不同机械在两种不同耕作制度区域的总成本和平均使用成本。

一年一作区，在机械装备生命周期内，累计作业面积 $S \times T_i$，机械作业总成本 TC_{i1} 如下：

$$TC_{i1} = P_i + R_i \times T_i + \left(\frac{w}{f_i} + O_i \times p_O \right) \times S \times T_i \qquad (5-2)$$

---

① 如耕地环节的耕深、碎土效果，收获环节的脱净率等。实际上，机械作业效果大多数时候远远好于人工作业效果。为了便于分析，假定机械和人工作业，或者不同功率机械作业的最终技术效果并无显著差异，从而不会带来最终产量的影响进而影响到基于成本最小化分析模式的结果。

② 即耕地、播种、收获或其他具体某环节的作业任务。

③ 每个农户的人工成本 w 有所不同，主要取决于该农户的人力资源情况造成的机会成本差异。

④ 按每天 8 小时工作时间计算。

⑤ 农业机械也需要人工操作，并不能完全取代人工，此处用农业机械完成作业时间作为人工消耗。

一年两作区，在机械装备生命周期内，累计作业面积 $2S \times T_i$ ，机械作业总成本 TC_{i2} 如下：

$$TC_{i2} = P_i + R_i \times T_i + \left(\frac{w}{f_i} + O_i \times p_o\right) \times 2S \times T_i \qquad (5-3)$$

则使用机械的单位面积成本为，一年一作区平均成本 AC_{i1} 如下：

$$AC_{i1} = \frac{TC_{i1}}{S \times T_i} = \frac{P_i / T_i + R_i}{S} + \frac{w}{f_i} + O_i \times p_o \qquad (5-4)$$

一年两作区平均成本 AC_{i2} 如下：

$$AC_{i2} = \frac{TC_{i2}}{2S \times T_i} = \frac{P_i / T_i + R_i}{2S} + \frac{w}{f_i} + O_i \times p_o \qquad (5-5)$$

因此，对于农户来说，在没有农机作业服务市场情况下，选择人工还是选择购买机械 M_1 的临界规模在于两者平均成本的交点，即：

$$AC_0 = AC_{1j} \qquad (5-6)$$

选择购买机械 M_1 还是购买机械 M_2 的临界规模在于两者平均成本的交点，即：

$$AC_{1j} = AC_{2j} \qquad (5-7)$$

分别联立（5 - 1）、（5 - 4）、（5 - 6）或（5 - 1）、（5 - 5）、（5 - 6），可分别求出一作区、两作区农户选择人工作业或购买机械 M_1 的平均成本决策交点时的规模 S_{11}^* 和 S_{12}^* 。

$$S_{11}^* = \frac{P_1 / T_1 + R_1}{w\left(\dfrac{1}{f_0} - \dfrac{1}{f_1}\right) - O_1 \times p_o} \qquad (5-8)$$

$$S_{12}^* = \frac{1}{2} \times \frac{P_1 / T_1 + R_1}{w\left(\dfrac{1}{f_0} - \dfrac{1}{f_1}\right) - O_1 \times p_o} \qquad (5-9)$$

因 $f_0 < f_1$ ，因此 $\dfrac{1}{f_0} - \dfrac{1}{f_1} > 0$ ，因此在（0，$+\infty$）区间，临界规模 S_{11}^*（一作区）和 S_{12}^*（两作区）是农户的人工成本 w 及机械使用寿命 T_1 的单调减函数，是机具购置成本 P_1 、年度维修成本 R_1 、燃油消耗 O_1 和油价 p_o 的增函数。也就是说，一个农户的人工成本（或机会成本）越高、机械使用寿命周期越长，决定购买机械的临界规模越小；而机械价格、维护成本、油耗和油价越高，则决定购买机械的临界规模越大。或者，简要地说，使用人工还是机械，取决于其经营规模是否小于或大于某个临界规模，而这个临界规模取决于使用机械时带来的年度固定成本（$P_1 / T_1 + R_1$）与单位面积节约的可变成本（$w\left(\dfrac{1}{f_0} - \dfrac{1}{f_1}\right) - O_1 \times p_o$）之间的比值，固定成本越高则临界规模越大，节约的可变成本越大则临界规模越小。而一年一作区相对一年两作区的临界规模要高一倍。

类似地，可分别求出一作区、两作区农户选择购买机械 M_1 或 M_2 的平均成本决策交点时的临界规模 S_{21}^* 和 S_{22}^*。

$$S_{21}^* = \frac{\left(\dfrac{P_2}{T_2} + R_2\right) - \left(\dfrac{P_1}{T_1} + R_1\right)}{\left(\dfrac{w}{f_1} + O_1 \times p_o\right) - \left(\dfrac{w}{f_2} + O_2 \times p_o\right)} \tag{5-10}$$

$$S_{22}^* = \frac{1}{2} \times \frac{\left(\dfrac{P_2}{T_2} + R_2\right) - \left(\dfrac{P_1}{T_1} + R_1\right)}{\left(\dfrac{w}{f_1} + O_1 \times p_o\right) - \left(\dfrac{w}{f_2} + O_2 \times p_o\right)} \tag{5-11}$$

从式（5-10）、式（5-11），可以看出：使用机械 M_1 还是 M_2，主要取决于机械 M_2、M_1 各自的年度固定成本差值：$\left(\dfrac{P_2}{T_2} + R_2\right) - \left(\dfrac{P_1}{T_1} + R_1\right)$ 与单位面积节约的可变成本：$\left(\dfrac{w}{f_1} + O_1 \times p_o\right) - \left(\dfrac{w}{f_2} + O_2 \times p_o\right)$ 之间的比值，这个比值决定了临界规模，同时一年一作区的临界规模是一年两作区的临界规模的两倍。

图 5-1 是一年两作区的图解，横轴表示经营规模，纵轴表示平均成本。根据式（5-1）可知，人工作业平均成本 AC_0 与经营规模无关，人工的工资 w 和作业效率 f_0 一旦确定，则 AC_0 为一个固定常数，是一条水平直线。而根据式（5-5），在其他变量不变时，一年两作区 2 种机械的平均成本是经营规模的单调递减函数，而且效率越高、价格越高的机械在规模较低区域的平均成本越高，在规模较高的区域平均成本下降得越快，因此不同的平均成本曲线随着经营规模的增加

必然都会相交，人工与 M1、M1 与 M2 的平均成本曲线交点对应的临界规模分别为 S_{12}^*、S_{22}^*。则有，如果农户的经营规模小于临界规模 S_{12}^*，则人工作业平均成本 AC_0 是最小的，应该选择人工作业；如果农户的经营规模介于临界规模 S_{12}^* 和 S_{22}^* 之间，则使用机械 M1 的平均成本 AC_{12} 最小，农户应选择购买农业机械 M1；如果农户的经营规模大于临界规模 S_{22}^*，则使用机械 M2 的平均成本 AC_{22} 最小，农户应选择购买农业机械 M2。

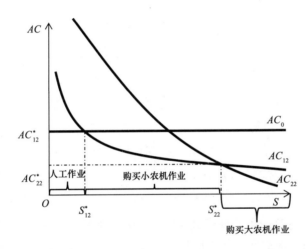

图 5 - 1 人工作业、不同作业效率农业机械平均作业成本与经营规模关系

二 有分工条件下农户决策模型

如果现在存在分工，也即是存在一个统一的农机作业服务市场，没有农机的农户也可以通过购买农机作业服务来完成耕地作业，即使有小机械 M1 的农户也可向拥有大机械 M2 的农户购买农机作业服务，农户的决策不仅局限于是否购买农机或购买何种农机，还将新增是否购买农机作业服务的选项。下面假设 p_1 和 p_2 两种价格情形，分别分析谁会购买农机、谁会购买农机作业服务。

1. 假定农机作业服务市场是一个完全竞争市场，有给定作业服务价格为 p_1（见图 5 - 2）。p_1 与人工作业的平均成本曲线没有交点，与购买使用机械 M1 的平均成本曲线交于（p_1，$S_{12}^{*'}$）点，与购买使用机械 M2 的平均成本曲线交于（p_1，$S_{22}^{*'}$）点。则有：

（1）对于经营规模小于 $S_{12}^{*'}$ 的农户，无论是自己人工作业还是自己买 M1 和 M2 中任何种类的农业机械，都是不经济的，都将会出现平均作业成本高于市场服务价格的情况。规模在 $[S_{12}^{*'}, S_{12}^{*})$ 的农户在没有分工条件下，本来购买机械 M1 是合算的，但在分工条件下也变得不合算了，通过市场购买服务更加低廉。因此，规模介于（0，$S_{12}^{*'}$）区间的农户是服务购买者，人工作业被消灭，而经营规模大于 $S_{12}^{*'}$ 的农户是农机的购买者。

（2）而经营规模大于 $S_{12}^{*'}$ 的农户购买农业机械 M1 还是 M2 的决策，与无分工条件下并无差异，经营规模低于临界规模 S_{22}^{*} 点应该买农业机械 M1 更经济，高于临界规模 S_{22}^{*} 点购买农业机械 M2 更经济。而价格 p_1 与农业机械 M2 的平均成本曲线 AC_{22} 的交点 $S_{22}^{*'}$，因该规模低于 S_{22}^{*}，因此虽然 $[S_{22}^{*'}, S_{22}^{*})$ 区间农户购买机械 M2 的平均成本要比市场价格低，但不如购买机械 M1 的平均成本更低。

故，此市场价格为 p_1 时，经营规模介于（0，$S_{12}^{*'}$）的农户是农机作业服务的购买者，经营规模介于 $[S_{12}^{*'}, S_{22}^{*})$ 的农户是小型农业机械 M1 的购买者，经营规模大于 S_{22}^{*} 的农户是 M2 的购买者。同时，购买 M1 和 M2 的农户也是农机作业服务市场的供给者，他们同时向经营规模小于 $S_{12}^{*'}$ 的农户提供作业服务，获得不同的利润回报。显然，那些经营规模或者是服务规模足够大可以买大型农业机械 M2 的农户（经营规模大于 S_{22}^{*} 的农户），他们的利润空间更大。由于式（5-3）所示的总成本对规模求偏导后是一个常数，也即是边际成本是常数，而边际收益 p_1 是大于边际成本的另一个常数，因此对于购买 M2 的农户来说，经营或服务规模越大越好，服务规模越大，利润总量越大、平均成本越小，可以接受更低的市场价格。

2. 在市场发育初期，由于机械 M1 价值低，有能力购买的农户较多；而机械 M2 价值高，有能力购买的人少；因此机械 M1 保有量占多数，而机械 M2 保有量占少数。但拥有机械 M2 的人，可以通过不断扩大服务规模来进一步降低平均作业成本，进而可以接受更低的作

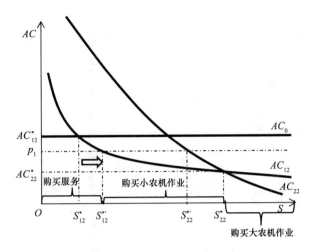

图 5 - 2　完全竞争作业服务市场技术选择之情景一

业市场价格。竞争的加剧，将不断降低市场价格，最终将作业价格低到永远不会与机械 M1 的平均成本曲线 AC_{22} 相交[①]，出现市场价格为 p_2 的情形，购买小农机的行为被消灭，具体见图 5 - 3。

（1）在新的市场价格下，无论是人工作业还是购买 M1，都将是不经济的，不如直接从市场上购买服务。而服务的提供者是经营规模和服务规模总和大于 S_{22}^* 的农户。显然，市场竞争有利于作业服务的价格下降，同时通过价格竞争进而诱发资本竞争，将购置成本低、作业效率低的机械 M1 排除在作业市场外。当然，如果有更高效率、更高价值的机械 M3、M4，又将引发新的一轮资本竞赛。这就是最近十来年，随着规模经营（无论是服务规模还是自有经营规模）的增加，作业服务市场的农机马力越来越大的秘密所在。

（2）当然，真实的市场并不是大型农业机械一统天下，小型农业机械仍然会被购买和使用。这是因为，大型农业机械的高效率需要在

---

① 从式（5 - 5）可以看出，在经营面积趋于无穷大时，机械 M1 和 M2 的平均成本趋于一个常数，而两种机械的这个常数差异主要在于其作业效率的高低，作业效率高的机械其平均成本将更低。也就是说，让市场价格与某种机械的成本曲线永远不相交是完全可能的。更何况，无论何种机械，都无法将季度作业规模扩大到无穷，因为机械的作业效率是有限的，而满足作物种植的作业时间窗口也是有限的。

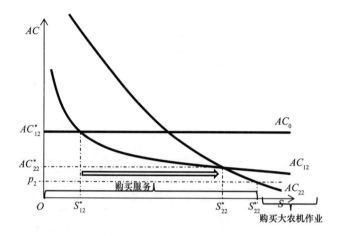

图 5 - 3　完全竞争作业服务市场技术选择之情景二

通达性较好、较为平整、连片的地块才能发挥出来，而中国南方地区存在地块细碎、机耕道建设滞后等问题，大大降低了大型农业机械的作业效率；因而在这样的地块上，大型农业机械的平均成本被抬升，进而机械拥有者要求有更高的价格才能作业，这就为更小的农业机械提供了市场空间。特别是，南方丘陵山区因为机耕道建设和地块整治工作滞后，只有小型农业机械才能进入地块作业。这就使得大型农业机械被排除在被分割的作业服务市场外，小型农业机械得以收取较高的作业服务价格。

（3）同时，由于农机作业服务市场是一个动态的市场，资本竞赛导致服务价格下降是渐进的，而农户购买某种农机还是购买作业服务的决策往往是依据当时的服务市场价格做出的，一旦购入后对市场价格反应手段有限，可能会仍然保留机械自用。如果服务市场价格下降，此时即使按照新的市场价格来判断购买决策是不经济的，但已经购入，也不能按照原值或简单直线折旧在二手市场处置，而直接闲置不用更加不经济，因为可变成本仍然比作业服务价格要低，因此这部分农户可能会使用旧的、小型的农业机械。而购买农机作业服务的农户在同等价格下，可能会偏好于效率更高的大型农业机械，因此小型农业机械的拥有者的作业服务市场将萎缩，最终会只是自己使用而不对外提供服务。

三　有购机补贴条件下的农户决策

前面的分析均未考虑购机补贴对农户购机决策的影响。假如现在对所有农机给予30%的补贴，则对于式（5-9），人工作业与购买机械 M_1 进行作业的临界决策点 S_{12}^{*} 变为：

$$S_{12}^{*''} = \frac{1}{2} \times \frac{0.7\,P_1 / T_1 + R_1}{w\left(\dfrac{1}{f_0} - \dfrac{1}{f_1}\right) - O_1 \times p_o} \qquad (5-12)$$

则式（5-9）减去式（5-12），得到

$$S_{12}^{*} - S_{12}^{*''} = \frac{1}{2} \times \frac{0.3 / T_1}{w\left(\dfrac{1}{f_0} - \dfrac{1}{f_1}\right) - O_1 \times p_o} > 0 \qquad (5-13)$$

也即是，由于购机补贴政策，将导致原先人工与机械临界规模点下降，更小规模的农户由于购机补贴降低了购买使用农业机械的平均成本而愿意购买农业机械而不是使用人工。

类似地，通过式（5-11）可以得到购买机械 M_1 和购买机械 M_2 的决策临界规模点变为：

$$S_{22}^{*''} = \frac{1}{2} \times \frac{\left(\dfrac{0.7\,P_2}{T_2} + R_2\right) - \left(\dfrac{0.7\,P_1}{T_1} + R_1\right)}{\left(\dfrac{w}{f_1} + O_1 \times p_o\right) - \left(\dfrac{w}{f_2} + O_2 \times p_o\right)} \qquad (5-14)$$

则式（5-11）减去式（5-14），得到

$$S_{22}^{*} - S_{22}^{*''} = \frac{1}{2} \times \frac{0.3\left(\dfrac{P_2}{T_2} - \dfrac{P_1}{T_1}\right)}{\left(\dfrac{w}{f_1} + O_1 \times p_o\right) - \left(\dfrac{w}{f_2} + O_2 \times p_o\right)} > 0$$

$$(5-15)$$

相关图形分析见图5-4。

也即是，由于购机补贴政策，将导致原先购买大型农业机械 M_2 的临界规模点下降，原先购买小型农业机械才有利可图的农户由于购机补贴降低了大型农业机械购买使用平均成本而愿意购买大型农业机

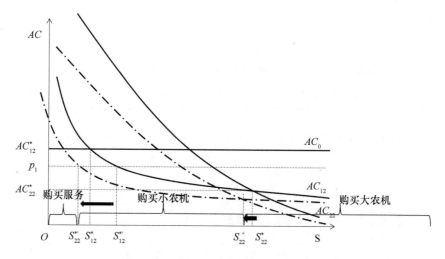

图 5 - 4　有购机补贴情况下农户行为变化

械而不是小型农业机械。

即，农机购置补贴政策将扩大大型农业机械 M_2 的需求群体，而压缩小型农业机械 M_1 的需求群体，但小型农业机械将挤压人工作业的群体。

而根据上一节的分析，在统一的农机作业服务市场情况下，同样将扩大大型农业机械 M_2 的需求群体，压缩小型农业机械 M_1 的需求群体和人工作业的群体。

购机补贴对小型农业机械及人工作业的适用空间挤压叠加农机作业服务市场对小型农业机械和人工作业的适用空间挤压，将快速推动农机动力结构向大型化升级。

第二节　情景模拟分析

为验证前述部分理论分析，本节用人工整地、某品牌微耕机整地、某品牌 50 马力拖拉机整地 3 种整地模式，来进行验证分析（具体参数见表 5 - 1）。此外，设定燃油价格为 5. 77 元/升，人工成本为 100 元/天。

表 5 - 1 不同技术模式的技术经济参数

技术模式	一次性投资（元）	寿命周期（年）	平均年度维护成本（元）	油耗（升/亩）	作业效率（亩/天）*
人工整地	—	—	—	—	0.50
某品牌微耕机整地	4500	10	100	2	5
某品牌 50 马力拖拉机整地	60000	10	1200	2	48

注:* 按每天作业时间 8 小时计算。此处的作业效率是一个概数,实际上即使是同一机型因作业地块大小、土壤条件、机手熟练程度等多种因素的不同而不同,此处假定所有条件都相同的情况。

一　无分工条件下和分工条件下的模拟

对于一年两作区,根据式（5-5）可以计算出微耕机和 50 马力拖拉机的平均成本与经营规模关系如下:

$$AC_{微耕机} = \frac{4500/10 + 100}{2S} + \frac{100}{5} + 2 \times 5.77 = \frac{275}{S} + 31.54$$

$$(5-16)$$

$$AC_{50马力} = \frac{60000/10 + 1200}{2S} + \frac{100}{48} + 2 \times 5.77 \approx \frac{3600}{S} + 13.62$$

$$(5-17)$$

根据式（5-9）和（5-11）可计算出 2 个临界点,分别为

$$S_{12}^* = \frac{1}{2} \times \frac{\frac{4500}{10} + 100}{100 \times \left(\frac{1}{0.50} - \frac{1}{5}\right) - 2 \times 5.77} \approx 1.63 \quad (5-18)$$

$$S_{22}^* = \frac{1}{2} \times \frac{\left(\frac{60000}{10} + 1200\right) - \left(\frac{4500}{10} + 100\right)}{\left(\frac{100}{5} + 2 \times 5.77\right) - \left(\frac{100}{48} + 2 \times 5.77\right)} \approx 185.58$$

$$(5-19)$$

根据式（5-18）、式（5-19）的函数形式,可以画出人工、微耕机、50 马力拖拉机的平均成本曲线随着经营规模的变化情况,见图 5-5。可以看出:

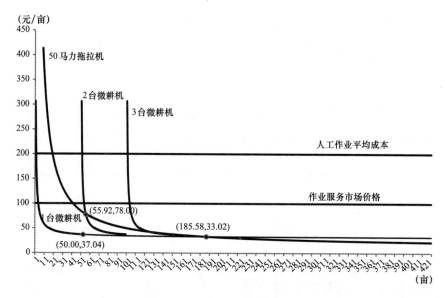

图 5-5　有无分工情景模拟分析

（1）要购买微耕机的临界点非常低，只要经营规模超过 1.63 亩就可以购买微耕机，这也是南方丘陵山区家家户户买微耕机，以及河南、山东等地区一度出现的家家户户买小四轮的原因，这种情况下农机作业服务市场并不大。

（2）购买 50 马力拖拉机的临界点为 185.58 亩，但实际的临界点更低。购买 50 马力拖拉机的临界点并不需要 185.58 亩那么高，因为一个作业季度的时间窗口是非常有限的，大部分地区留给耕地的作业时间一般只有 10 天左右，按照微耕机每天作业 5 亩的效率，也就是一个季度的最大作业面积只有 50 亩左右。那么，经营或服务面积超过 50 亩又小于 185.58 亩的时候，如果家里只有一个劳动力可以操作农业机械，那么只能是要么从市场上购买农机作业服务来弥补，要么购置 50 马力拖拉机。如果家里有两个劳动力可以操作农业机械，则可以考虑再购置一台微耕机，农机仍然不够而劳动力充足情况下可购买第三台，但不应该购置第四台，购置第四台时所覆盖的作业量的平均成本将高于购买 50 马力拖拉机。

（3）不同功率的农业机械有不同的适用经济规模范围，而统一的作业服务市场将压缩小型农业机械的经济规模范围和作业服务市场空间，不断加强的竞争将引发资本投入竞赛，进而促进装备的升级换代。

（1）如果农机作业服务市场价格为100元，那么购买微耕机的临界点将从1.63亩上升为4亩，但对购买50马力拖拉机的临界点无影响。市场上将同时出现微耕机作业服务和50马力拖拉机作业服务的情况。

（2）如果农机作业服务市场价格低于37.04元，拥有微耕机的农户将不会提供农机作业服务，因为作业价格低于其边际成本。如果没有更高效率的农业机械，市场上将只有50马力拖拉机提供农机作业服务。

（3）但如果价格低于37.04元、高于31.54元的可变成本时，仍然会有原先已经购买微耕机的农户提供作业服务或者自用而不提供作业服务，只是不会有人新购微耕机。也就是说，拥有小农机的农户，提供作业服务的能力和比率（对外提供作业服务面积与自营土地面积之比）都会较弱，而拥有大型农业机械的农户提供服务的能力和比率都较强。

（4）然而，由于作业季度的时间窗口存在，无论作业效率多高的机械，一个购机农户一个季度的作业总量是有限的，因此随着购机农户自有经营土地面积的增加，对外提供作业服务的比率将下降。

二　30%农机购置补贴条件下的模拟

如果对所有农机无差别地按照销售价格的30%进行补贴，则对于购机农户来说，小型农业机械的售价将从4500元/台变为0.7×4500＝3150元/台，大型农业机械的售价将从60000元/台变为0.7×60000＝42000元/台。

对于微耕机和50马力拖拉机的平均成本，从式（5-16）、式（5-17）分别变为式（5-20）、式（5-21）：

$$AC'_{微耕机} = \frac{3150/10 + 100}{2S} + \frac{100}{5} + 2 \times 5.77 = \frac{207.5}{S} + 31.54$$

$$(5-20)$$

$$AC_{50马力} = \frac{42000/10 + 1200}{2S} + \frac{100}{48} + 2 \times 5.77 \approx \frac{2700}{S} + 13.62$$

$$(5-21)$$

于是微耕机购买临界规模等式（5-18）和50马力拖拉机购买临界规模（5-19）则变为：

$$S^{*'}_{12} = \frac{1}{2} \times \frac{\dfrac{3150}{10} + 100}{100 \times \left(\dfrac{1}{0.50} - \dfrac{1}{5}\right) - 2 \times 5.77} \approx 1.23 \quad (5-22)$$

$$S^{*'}_{22} = \frac{1}{2} \times \frac{\left(\dfrac{42000}{10} + 1200\right) - \left(\dfrac{3150}{10} + 100\right)}{\left(\dfrac{100}{5} + 2 \times 5.77\right) - \left(\dfrac{100}{48} + 2 \times 5.77\right)} \approx 139.12$$

$$(5-23)$$

可以看出，在没有分工条件下，给予30%的购机补贴，农户购买农机微耕机的决策临界规模将从1.63亩下降到1.23亩，下降幅度为24.52%，绝对下降值为0.4亩；同时，农户购买农机50马力拖拉机的决策规模将从185.58亩下降到139.12亩，下降幅度达到25.04%，绝对下降值为46.46亩。也可以看出，小型农业机械的适用空间将被严重挤压。

如果再考虑统一的农机作业服务市场叠加影响，假如是100元的农机作业服务市场价格。则$AC'_{微耕机}$ = 100时，通过式（5-20）可计算出微耕机的临界规模下限是3.03。也即是微耕机的购买临界规模下限从1.23亩提升为3.03亩，但小于前面不考虑农机购置补贴情况、只考虑统一农机作业服务市场的4亩。也即是，在有农机作业服务市场情况下，购机补贴政策会挤压人工作业的空间，降低微耕机的购买决策规模下限。

同样，可以计算出$AC_{50马力}$ = 100时的规模为31.26亩，但该规模低于微耕机与50马力拖拉机临界规模的139.12亩，因此计算出的

31.26 亩是无效的。因为在 31.26 亩处虽然 50 马力拖拉机的作业成本为 100 元/亩，但微耕机在该规模处的平均生产成本为 39.18 元/亩。此时，微耕机与 50 马力拖拉机的购买临界规模点或者说微耕机购买临界规模上限或者说 50 马力拖拉机临界规模下限仍然是 139.12 亩。此时的临界规模点低于存在统一农机作业服务市场但没有购机补贴情景下的 185.58 亩。

如果统一的作业服务市场价格为 33 元，低于 139.12 亩时的平均成本，则此时根据式（5-20）可以计算出 $AC'_{微耕机}$ =33 时购买微耕机的临界规模下限为 142.12 亩，该数值高于微耕机购买临界规模上限 139.12 亩，因此是无效的，也即是无论什么时候都不会使用微耕机。则使用 50 马力拖拉机的临界规模为 $AC'_{50马力}$ =33，计算出的临界规模下限为 139.32。

对上述结果进行整理可以得到表 5-2。

表 5-2　　　　　　　　**不同情景下不同技术方案的临界规模**

购机补贴条件	自购自用与社会化服务	人工		微耕机		50 马力拖拉机	
		下限规模	上限规模	下限规模	上限规模	下限规模	上限规模
无购机补贴	自购自用	0	1.63	1.63	185.58	185.58	作业时间窗口限制
	作业市场（价格 100 元/亩）	0	0	4	185.58	185.58	作业时间窗口限制
	作业市场（价格 33 元/亩）	0	0	0	0	185.76	作业时间窗口限制
有购机补贴	自购自用	0	1.23	1.23	139.12	139.12	作业时间窗口限制
	作业市场（价格 100 元/亩）	0	0	3.03	139.12	139.12	作业时间窗口限制
	作业市场（价格 33 元/亩）	0	0	0	0	139.32	作业时间窗口限制

从表 5-2 可以看出，有分工条件下，也即是有统一的农机作业市场条件下，相比自购自用来说，将全面挤压人工作业和小型农业机械作业的适用空间；而有购机补贴和没有购机补贴相比，购机补贴降

低了小型农业机械的适用空间下限，进一步挤压了人工作业适用空间，但也同时降低了大型农业机械的使用下限，从整体上压缩了小型农业机械的适用空间，扩大了大型农业机械的适用空间。

第三节 数据描述

本节将利用农业部经营管理司家庭农场固定观察数据中的 2397个种植类型、种养结合类型和机农结合类型（以农机作业服务为主）的家庭农场数据集为样本，对前述理论分析中部分结论展开实证分析①。

自 2014 年开始，农业部农村经济体制与经营管理司委托时任中国社会科学院农村发展研究所副所长杜志雄研究员组建课题组启动了全国家庭农场固定监测工作。每年在全国 31 个省（直辖市、自治区）的 100 个县（直辖市、自治区）对 3000 个左右家庭农场进行跟踪监测。由于本处主要分析的是种植业相关农业机械，因此只选择了2016 年监测的 3000 家家庭农场样本中的 2397 个种植类型、种养结合类型和机农结合类型（以农机作业服务为主）的家庭农场进行分析，而没有使用养殖业农场样本数据。下面对这 2397 个样本分布情况进行简要描述。

从省域和县域分布来看（见表 5-3），2397 个样本分布在全国除西藏外的 30 个省级区域下属的 100 个县，从地域上看具有代表性。

表 5-3　　　　　　　　家庭农场样本省、县分布情况

省份	涉及样本县（个）	家庭农场样本数（个）	样本占比（%）	省份	涉及样本县（个）	家庭农场样本数（个）	样本占比（%）
北京	5	26	1.08	湖北	7	71	2.96
天津	2	33	1.38	湖南	3	66	2.75

---

① 受数据限制，并不能对前面分析的全部观点一一验证，仅选取部分观点加以验证。

续表

省份	涉及样本县（个）	家庭农场样本数（个）	样本占比（%）	省份	涉及样本县（个）	家庭农场样本数（个）	样本占比（%）
河北	4	77	3.21	广东	3	74	3.09
山西	6	76	3.17	广西	3	59	2.46
内蒙古	4	96	4.01	海南	3	58	2.42
辽宁	2	98	4.09	重庆	4	79	3.30
吉林	2	114	4.76	四川	3	81	3.38
黑龙江	5	173	7.22	贵州	5	74	3.09
上海	2	100	4.17	云南	2	136	5.67
江苏	3	74	3.09	陕西	3	85	3.55
浙江	2	79	3.30	甘肃	3	90	3.75
安徽	5	88	3.67	青海	3	57	2.38
福建	3	80	3.34	宁夏	3	82	3.42
江西	3	73	3.05	新疆	2	35	1.46
山东	3	75	3.13				
河南	2	88	3.67	合计	100	2397	100.00

　　表5-4展示了样本的一些主要指标基本情况，可以看出样本主要以男性为主，平均年龄46.81岁，平均土地经营规模为367.66亩（其中规模为0的为部分地方征地或未调整到承包地的农民，但仍然通过对外提供农机作业服务继续从事农业生产），拥有拖拉机台数平均为2.02台，拥有插秧机台数平均为0.27台，拥有联合收割机台数平均为0.45台，拥有烘干机平均数量为0.17台，拥有农机总价值平均为22.99万元，对外提供机耕作业服务面积平均为243.37亩，对外提供机插秧服务面积平均为54.52亩，对外提供机收服务面积平均为161.81亩，对外提供粮食烘干数量平均为40.62吨。同时，除了性别和年龄的变异系数较小外，其他变量变异系数均大于1，说明样本异质性较强，具有较好的代表性。

表 5 - 4　　　　　　　　　家庭农场样本主要指标基本情况

统计指标	均值	最小值	最大值	标准差	变异系数
性别（男 = 1；女 = 0）	0.87	0.00	1.00	0.33	0.38
年龄（岁）	46.81	23.00	78.00	8.53	0.18
经营土地规模（亩）	367.66	2.00	6360.00	562.38	1.53
拖拉机数量（台）	2.02	0.00	60.00	2.81	1.39
插秧机数量（台）	0.27	0.00	32.00	1.01	3.69
联合收割机数量（台）	0.45	0.00	12.00	0.88	1.95
烘干机数量（台）	0.17	0.00	12.00	0.74	4.37
农机总价值（万元）	22.99	0.00	560.00	42.98	1.87
对外提供机耕服务面积（亩）	243.37	0.00	30000.00	1105.75	4.54
对外提供机插秧服务面积（亩）	54.52	0.00	15000.00	394.01	7.23
对外提供机收服务面积（亩）	161.81	0.00	20000.00	877.79	5.42
对外提供烘干粮食数量（吨）	40.62	0.00	8000.00	373.44	9.19

第四节　实证分析

本节主要证实以下四个论点：

（1）农业机械的购买，现实中确实存在临界规模，临界规模以下的农户 100% 不会购买。

（2）在一个统一的农机作业服务市场，小机械将被挤出服务市场，因此拥有小机械的农户的农机作业服务提供率（对外提供作业服务面积与自营土地面积之比）会较小，而拥有大机械的农户的农机作业服务提供率比较大。

（3）经营规模越大的农户将追求效率更高、价值更大的农业机械。也即是农户拥有农业机械单台平均价值与农户经营规模与服务规模总和呈正向相关关系。

（4）但随着自有经营面积的增加，农机作业服务提供率将先增后减，呈倒"U"形。

一　三类机械分省临界点

通过对 2397 个家庭农场样本进行分析，分别用农场自营土地面积和对外提供机耕服务面积、对外提供机插秧服务面积、对外提供机械收获服务面积、对外提供烘干服务面积①进行加总，则分别得到农场拖拉机、插秧机、收割机和烘干机的作业覆盖面积，可比对每个样本进而找到每个省购买了拖拉机、插秧机、收割机或烘干机的农户的最小作业覆盖面积，结果见表 5－5。可以看出，购买农业机械的最小临界点是真实存在的。如江苏省的调研样本里，作业覆盖面积小于50 亩的家庭农场没有购买拖拉机的，小于 129 亩没有购买插秧机的，小于 140 亩没有购买收割机的，小于 286 亩没有购买烘干机的。

表 5－5　　　　分省购买不同农业机械的最小临界经营规模

省份	拖拉机	插秧机	收割机	烘干机	省份	拖拉机	插秧机	收割机	烘干机
北京	15	275	245	—	湖北	50	320	120	150
天津	100	204	204	233	湖南	111	120	50	206
河北	15	262	130	150	广东	30	100	100	26
山西	22	—	137	101	广西	70	75	80	85
内蒙古	40	—	170	4500	海南	15	320	130	120
辽宁	50	118	110	8850	重庆	40	12	40	62
吉林	102	104	100	831	四川	10	110	110	50
黑龙江	43	120	120	1300	贵州	30	—	300	56
上海	40	158	110	669	云南	12	—	—	80
江苏	50	129	140	286	陕西	21	—	211	21
浙江	51	350	268	50	甘肃	10	900	400	150
安徽	16	312	180	155	青海	20	—	200	375
福建	50	106	55	50	宁夏	30	300	278	606
江西	36	250	100	80	新疆	36	110	150	36
山东	50	—	60	333					
河南	50	320	85	235	平均	41	221	151	684

注："—"表示没有样本数据。

① 将烘干粮食吨数乘 2 处理成为服务面积，即烘干 1 吨按照服务面积 2 亩折算。

二　小农机的服务市场挤出效应

表 5 - 6 展示了样本家庭农场不同农机单价分组下的自营土地规模、对外提供服务规模和作业服务提供率。

表 5 - 6　　　　　　　　　农机单价与作业服务提供率

购机者单台农机价值 （万元）	自营土地规模 （亩）	对外服务规模 （亩）*	作业服务提供率 （%）
[0，0.1)	136	0	0.00
[0.1，1)	239	13	5.27
[1，2)	224	41	18.37
[2，3)	233	77	33.10
[3，4)	272	89	32.94
[4，5)	362	167	45.99
[5，6)	386	194	50.33
[6，7)	387	735	190.09
[7，8)	460	818	177.57
[8，9)	523	384	73.30
[9，10)	423	866	204.55
[10，11)	552	810	146.56
[11，12)	891	913	102.42
>12	751	1227	163.50

注：* 本处所指购机者对外服务规模，是对外提供耕、种、收、烘干四个环节作业面积中的最大规模，而不是加总。作业服务提供率 = 对外服务规模/自营土地规模。后同。

可以看出，农机单价较小的家庭农场分组对外服务提供能力较弱，作业服务提供率较低。如农机平均价值在 [0.1，1) 区间的家庭农场，单个环节最大对外服务规模平均为 13 亩，作业服务提供率仅为 5.27%；而农机平均价值在 [6，7) 区间的家庭农场，单个环节最大对外服务规模平均达到 735 亩，作业服务提供率高达190.09%。虽然随着农机平均价值的进一步增加，作业服务提供率有所反复甚至下降，但均高于农机平均价值在6万元以下分组，同时对外提供作业服务的绝对能力在增加。显然，在统一的作业服务市场，低价值、低效率的小农机会被不断挤出，而高价值、高效率的农业机械将通过规模效应来降低平均使用成本，进而在作业服务市场获得竞争力。

三　经营规模与单台农机价值

按照规模对样本进行分组，然后进行分组统计（见表5-7），可以得到：

表5-7　　经营规模与单台农机价值、作业服务对外提供能力及提供率

自营土地规模（亩）	样本数（个）	购机样本数（个）	购机者比例（%）	购机者单台农机平均价值（万元）	购机者平均自营规模（亩）	购机者对外服务规模（亩）	作业服务提供率（%）
< 10	7	0	0.00	—	—	—	—
[10, 50)	161	75	46.58	1.83	31	19	61.12
[50, 100)	282	176	62.41	4.71	67	138	204.34
[100, 150)	428	279	65.19	4.98	117	164	139.27
[150, 200)	306	245	80.07	5.82	166	411	247.38
[200, 500)	757	632	83.49	7.95	294	474	161.01
[500, 1000)	246	240	97.56	9.16	648	700	107.88
[1000, 2000)	146	146	100.00	13.00	1306	1109	84.96
[2000, 3000)	35	35	100.00	13.14	2243	1679	74.86
(> = 3000)	29	29	100.00	16.90	3755	1637	43.59
合计	2397	1857	77.47	7.46	435	489	112.42

（1）较低规模的农户倾向于购买服务，较高规模的农户倾向于购买农机。随着经营规模的增加，购机者的比例正向上升，10亩以下无人购买农业机械，[10，50）亩购机者比率达到46.58%，而1000亩以上的农户购机比率达到100%。

（2）随着经营规模的扩大，购机者拥有的农业机械单台农机平均

价值正向增加，也即是经营规模的扩大，农场的经营规模将大于大型农机的最小临界规模，从而使用更高效率更高价值的农业机械反而更经济。例如，经营规模在［10，50）亩区间的农户拥有的单机平均价值为1.83万元，经营规模在［50，100）亩区间的农户拥有的单机平均价值为4.71万元，而经营规模在［1000，2000）亩区间的农户拥有的单机平均价值为13.00万元。将购机者自营面积与对外服务面积之和，与购机者单台农机价值进行相关性检验，相关系数为0.3929，显著水平为0.00。

四　自有经营面积与对外服务规模及提供率

表5-7中也展示了不同自营土地规模分组的购机农场单个环节对外服务最大规模，可以看出：

（1）随着自营土地规模的增加，对外提供服务的绝对能力在不断增强，这与杜志雄、刘文霞（2017）的关于家庭农场同时兼具农业生产主体和服务主体双主体身份的研究结论是一致的。

（2）对外提供作业服务的比率却先升后降，呈倒"U"形。经营规模在［10，50）亩区间的家庭农场，单个环节对外提供服务最大面积占自营土地面积比率仅为61.12%。但经营规模在［50，100）亩区间的家庭农场，单个环节对外提供服务最大面积占自营土地面积比率高达204.34%；然而，随着规模的进一步扩大，在自营土地面积大于200亩的家庭农场，单个环节对外提供服务最大面积占自营土地面积比率开始下降，自营土地规模大于等于3000亩的家庭农场对外服务面积占自营土地面积比例只有43.59%。

以上实证分析印证了要验证的四个理论推导结论。

第五节　结论与对策建议

一　结论

通过前述分析，本章可得出以下结论：

（1）完成一个环节的作业，农户到底选择购买农机还是购买服务，取决于自身机会成本、农机平均使用成本和作业服务市场价格这三者中最低的那一个。如果自身机会成本最低，则会选择人工作业；如果购买农机后的平均使用成本最低，则会购买机械；如果作业服务市场价格最低，则会购买服务。然而，这个决策应充分考虑动态的情况，否则可能会出现这种情况：当年购买某种功率的农业机械按照当时的作业服务市场价格和机会成本计算是合算的，但第二年出现了效率更高的机械压低了作业价格，使用原来的机械就不合算了。

（2）同一个作业环节，有多种作业效率和价格的农业机械，不同的机械有不同的最小经济临界规模和最大经济临界规模，如果农户购买该机械后的作业覆盖规模在这个规模区间外则不应该购买该种机械，在该区间内则可以购买。但是否购买，还应跟作业服务市场的服务价格比较，如果平均使用成本低于作业市场价格则可以购买，如果高于服务市场价格则应购买服务。

（3）农机作业服务市场的存在，可以降低整体生产成本，改善农机服务提供者和农机服务购买者的福利，但容易引发资本竞争，通过购买价值更大、效率更高的农业机械挤出低效率农机服务提供者。进而可能会造成市场上小型农机过剩，大型农机不断淘汰更新。例如，很多从事跨区作业的机手，农机只用一个作业季度就转手卖掉。这有可能会加剧农机具市场饱和程度。

（4）如果按照相同比例进行补贴，有购机补贴和没有购机补贴相比，购机补贴降低了小型农业机械的适用空间下限，进一步挤压了人工作业适用空间，但也同时降低了大型农业机械的使用下限，从整体上压缩了小型农业机械的适用空间，扩大了大型农业机械的适用空间。

（5）整体来说，自营土地规模较小的农户是农机作业服务的购买者，而自营土地规模较大的农户是农机作业服务的提供者，自营土地规模与作业服务能力呈正向关系，但服务提供率与自营规模呈倒"U"形关系。自营土地面积在50—1000亩之间的农场，是作业服务市场的主要供给者，他们的作业服务提供率平均超过100%，作业服务收入是他们的重要收入来源。

二 对策建议

本章的研究结果，有以下三点启示或建议：

（1）农户购机决策应进行合理引导，避免作业市场过度竞争导致的农机饱和闲置，农机购置补贴政策应对已经饱和的机具降低补贴额度甚至取消补贴，以引导市场趋于理性。

（2）农机制造企业在一个新的产品批量制造前，应深入调研当前农机作业服务市场和相同功能竞争产品，计算该产品的临界规模下限和上限，进而确定该产品的经济规模区间，从而确定该产品的目标市场销售对象，否则容易生产出没有任何经济规模区间的产品导致失去市场份额。

（3）如果为了鼓励作业服务，政府相关政策可适当对自营规模在50—1000亩的农户进行倾斜，这个区间的农户对外提供作业服务的比例较高。

第六章　农机购置补贴政策对
农业机械化的影响

　　本章将基于激励效应与挤出效应这一视角，分析 2008—2015 年农机购置补贴对农机保有量和农业机械化水平的累计影响效果，并进一步研究其边际影响（农机购置补贴政策的效率）随时间的变化情况。将 2008—2015 年作为研究时段的原因是：虽然农机购置补贴从2004 年开始实施，但在 2008 年前后农业机械化水平的统计口径发生了变化，为直观比较农机购置补贴政策对农机保有量和农业机械化水平的影响效果，本章将研究时间范围限定为 2008—2015 年。

第一节　理论框架与研究假说

　　就农机购置补贴对农户农机购置行为的影响而言，在农机购置补贴政策的外部刺激和农户经营性服务需求的驱动下，农户形成农机购置需求。同时，农机购置补贴投入将挤出农户的农机购置支出，增强其对其他生产要素的投资能力。农机购置补贴政策对农机保有量最重要的一种影响机制以激励效应体现。作为理性经济人的农户在做出农机购置决策之前，首先会考虑农机购置成本。农机购置补贴政策的实施，可以降低农户的农机购置成本，提高其农机购置能力。图 6 - 1展示了两种效应示意图。

　　在图 6 - 1 中，AB 为农机购置补贴政策实施以前农户的预算约束曲线，U_1 表示农机数量与除农机外农业生产中所需其他生产要素数量组合的无差异曲线，预算约束曲线 AB 与无差异曲线 U_1 相切于 E_1 点，

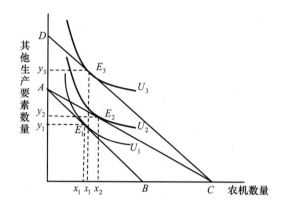

图 6 - 1　农机购置补贴的激励效应与挤出效应

此时农户购置的农机数量为 x_1，其他生产要素数量为 y_1。农机购置补贴政策实施后，在其他条件不变的情况下，农机的相对价格降低，农户的预算约束曲线 AB 以 A 点为中心旋转到 AC，无差异曲线 U_1 平移到 U_2，新的预算约束曲线 AC 与新的无差异曲线 U_2 相切于 E_2 点，此时购置的农机数量为 x_2，其他生产要素数量为 y_2，农机保有量增加。

农机购置补贴政策对农机保有量的另一种影响机制以挤出效应体现。2012 年，农机购置补贴政策进行了改革，以全价购机补贴模式①替代差价购机补贴模式②。在全价购机补贴模式下，大部分农户将做出理性决策，根据自身对农机的实际需求购置农机，若对农机的购置需求为零，则不会购置农机。这在一定程度上能降低农户受农机购置补贴政策刺激而盲目购置农机的概率。也就是说，农户在农机购置支出上有一个投入总额，在这一投入总额中，政府的相关补贴越多，农户自身的投入就越少。即便政府不再对农机购置给予补贴，农户由于有对农机的需求也会继续增加对农机的投资。在农机需求量为常数的

① 农户全价购机，指在购置农机时以农机产品的销售价格全额付款，在一定周期内，农机部门完成相关购机凭据审核、验机等工作，将农户的农机购置信息提交给财政部门，由财政部门将农机购置补贴资金支付给购置农机的农户。

② 在差价购机补贴模式中，差额部分由省级财政直接支付给经销商或厂家。

情况下，当农机购置补贴达到一定规模时，若继续增加农机购置补贴规模，其作用只是替代农户自身的农机购置支出，增加农户资金的流动性，增强农户对其他生产要素的投资能力，即产生挤出效应。如图 6-1 所示，预算约束曲线由 AC 扩张到 CD，无差异曲线由 U_2 平移到 U_3，两条曲线的切点为 $E_3(x_3, y_3)$。最终农机保有量是否增加取决于 $x_3 - x_1$ 的值，$x_3 - x_1$ 可分解成 $(x_2 - x_1) + (x_3 - x_2)$，前者是农机购置补贴政策激励效应的体现，后者是农机购置补贴政策挤出效应的体现。若激励效应大于挤出效应，农机保有量增加；反之，农机保有量并不必然增加。

农机购置补贴作为一种财政性转移支付，通过激励效应与挤出效应影响农户对农机和其他农业生产要素的投资决策，使农机投入量发生变化。农机数量的增加促使全社会农机作业面积增加，进而提高农业机械化水平。张宗毅等（2009）通过对历史数据的拟合，发现农机购置补贴对农业机械化水平的提升有显著作用，但这并不是必然结果，一旦农机作业市场达到饱和，农业机械化水平就不会一直提升（Papageorgiou，2015）。随着农机购置补贴力度的不断加大，农机保有量饱和地区可能出现资源过剩，农机购置补贴的边际影响将下降。

基于以上分析，本章提出如下假说：

假说1：由于激励效应的存在，农机购置补贴政策总体上对全社会农机保有量具有促进作用。

假说2：由于挤出效应的存在，农机购置补贴政策总体上对全社会农机保有量的边际影响（农机购置补贴政策效率）将随着补贴力度的加大和时间的推移而下降。

假说3：农机购置补贴政策总体上对农业机械化水平具有促进作用。

假说4：挤出效应总体上会导致农机购置补贴政策对农业机械化水平的边际影响（农机购置补贴政策效率）将随着补贴力度的加大和时间的推移而下降。

第二节　变量、模型与数据

一　模型设定与变量选择

（一）控制变量的引入

Gustafson 等（1988）基于理性经济人假设和农户实地调查数据的研究指出，补贴政策是影响农户农机购置决策的主要因素之一，但不是决定性因素，影响农户农机购置决策的因素还包括地区经济发展水平、自然地理条件、人地关系以及种植结构等。

借鉴前人研究成果，本章设置以下几个控制变量：

①地区经济发展水平。一个地区经济发展水平越高，对农业机械的投入能力会越强，农户对农业机械的支付能力也就越强。因此，预期地区经济发展水平对农机保有量和农业机械化水平有正向影响。本章用单位耕地面积地区生产总值来衡量地区经济发展水平，单位为万元/公顷。

②自然地理条件。农机的田间转移和地块内部作业，对机耕道和地块微地貌均有较高要求，一般来说，一个地区土地资源中平地所占比例越大，适宜机械化条件越好，其农业机械化越容易实现。本章用平地面积占耕地面积比例来衡量自然地理条件，预期其对农机保有量和农业机械化水平有正向影响。

③人地关系。本章用劳均耕地面积来衡量人地关系，单位为公顷/人。劳均耕地面积越大，农户的农机使用需求越强烈；反之，劳均耕地面积越小，使用人力就能满足农业生产需要，其农机使用需求也就越低。基于此，预期劳均耕地面积对农机保有量和农业机械化水平有正向影响。

④种植结构。由于不同农作物的农业机械化技术供给状况存在差异，一个地区的种植结构对其农业机械化水平亦会有较大影响。本章用水稻种植面积占粮食作物播种面积的比例（下文简称"水稻种植面积比例"）来表示种植结构。水稻插秧机械化的难度较大，因而推测该变量对农机保有量和农业机械化水平有负向影响。

（二）理论模型的构建

农机购置补贴政策的直接效果主要表现为农机购置补贴资金对农机保有量和农业机械化水平的影响。由于不同地区、不同农作物的生产环节有较大差异，对机械化的要求也有不同，本章采用单位耕地面积农机总动力①（单位：千瓦/公顷）和农业综合机械化水平②作为因变量分别衡量农机保有量和农业机械化水平。

根据上述理论分析，在已有变系数模型（参见 Hastie and Tibshirani，1993；张宗毅等，2009）的基础上，构建单位耕地面积农机总动力和农业综合机械化水平模型如下：

$$P_{it} = \alpha + \beta \times Sub_{it} + \gamma \times t \times Sub_{it} + \varphi_i \times E_{it} + \theta \times Z_{it} + \varepsilon_{it}$$

$$(6-1)$$

$$M_{it} = \alpha + \beta \times Sub_{it} + \gamma \times t \times Sub_{it} + \varphi_i \times E_{it} + \theta \times Z_{it} + \varepsilon_{it}$$

$$(6-2)$$

式（6-1）和式（6-2）中，P_{it} 表示 i 省第 t 年单位耕地面积农机总动力，M_{it} 表示 i 省第 t 年农业综合机械化水平。根据国家行业标准《农业机械化水平评价第 1 部分：种植业》③，农业综合机械化水平的计算公式为：$M = 0.4 \times C_1 + 0.3 \times C_2 + 0.3 \times H$。其中，$M$ 为农业综合机械化水平；C_1 为机耕率，即机械耕地面积占耕地总面积的比例；C_2 为机播率，即机械播种面积占耕地总面积的比例；H 为机收率，即机械收割面积占耕地总面积的比例。Sub_{it} 为折算后的单位耕地面积累计农机购置补贴资金④（下文简称"农机购置补贴资金"）。之所以计算累计农机购置补贴资金，是因为农机购置补贴资金本身虽然是流量，但它直接用于购置农机，沉淀为资本存量，用当年农机购置补贴

---

① 本章中，农机总动力是扣除运输机械、农田基本建设机械后的农机总动力。
② 本章中，农业综合机械化水平是农业机械化水平的替代变量，其计算公式见下文。
③ 中华人民共和国农业部：《农业机械化水平评价第 1 部分：种植业》（NY-T 1408.1-2007），2007 年。
④ 由于没有农机购置补贴资金的细分数据，而该资金分配到运输机械、农田基本建设机械上的份额几乎可以忽略，因此，本章研究中，农机购置补贴资金采用的是总额数据。同时，Sub_{it} 指标采用的是存量数据而非流量数据，累计计算的时间范围为 2004—2015 年。

资金购置的农机在第二年仍然被计算进农机总动力，进而影响农业机械作业面积和水平。因此，在研究农机购置补贴对农机总动力和农业机械化水平的影响时，农机购置补贴资金被作为存量而非流量来处理。之所以要折算，主要出于对农机损耗的考虑。大中型农机的使用寿命一般为 10 年（一台农机在使用 10 年后无法再被正常使用），假定农机的折旧率为 10%，10 年后全部折旧完毕将不再累计。因此，折算后的累计农机购置补贴资金的计算公式为：

$$Subsidy_{it} = \sum_{2004}^{t+2007} (1 - year\_gap \times 10\%) subsidy_{iT} \quad (6-3)$$

式（6 - 3）中，T 为 2004 年至 $t + 2007$ 年的年份[①]；$year\_gap = t + 2007 - T$，若 $year\_gap > 10$，取 $year\_gap = 10$；$Subsidy_{iT}$ 表示 i 省 T 年实际农机购置补贴资金，为流量数据，Sub_{it} 是 $Subsidy_{it}$ 与 i 省第 t 年的耕地面积的比值。E_{it} 为单位耕地面积地区生产总值。Z_{it} 为包括平地面积占耕地面积比例、劳均耕地面积和水稻种植面积比例在内的控制变量向量。随着时间的推移，农机购置补贴政策效率可能逐年下降，因此，本章将时间与折算后的单位耕地面积累计农机购置补贴资金相乘（即 $t \times Sub_{it}$，下文简称"时间×农机购置补贴资金"）作为交互项引入模型。考虑到农业机械的价格每年都有所波动，将各年农机购置补贴资金变量和单位耕地面积地区生产总值除以农机价格指数。由于农机购置补贴政策于 2004 年开始实施，本章研究中将 2004 年农机价格指数设为 100。α 为常数，β 和 γ 为系数，θ_i 为系数向量，ε_{it} 为随机扰动向量。由于各个地区用于农机投入的资金占地区生产总值的比例或农户的农机投资偏好不同，本章研究中将单位耕地面积地区生产总值变量的系数设为变系数 φ_i，即对于每个省份 i 来说，其单位耕地面积地区生产总值对单位耕地面积农机总动力和农业综合机械化水平的影响系数均不同，因此，研究中对这一变量进行分省拟合。

农机购置补贴政策的效率表现为农机购置补贴资金对单位耕地面积农机总动力和农业综合机械化水平的边际影响。结合上述模型，将

---

① 　t 的取值范围为 1—8，T 的取值范围为 2004—2015。$t = 1$，$T = 2008$。

式（6-1）和式（6-2）整理得到：

$$P_{it} = \alpha + (\beta + \gamma t) \times Sub_{it} + \varphi_i \times E_{it} + \theta_i \times Z_{it} + \varepsilon_{it} \quad (6-4)$$

$$M_{it} = \alpha + (\beta + \gamma t) \times Sub_{it} + \varphi_i \times E_{it} + \theta_i \times Z_{it} + \varepsilon_{it} \quad (6-5)$$

式（6-4）和式（6-5）中，Sub_{it} 的系数为 $\beta + \gamma t$，该数值即为农机购置补贴政策的效率。若农机购置补贴资金显著且影响方向为正，则假说1和假说3得证；若"时间×农机购置补贴资金"项显著且影响方向为负，则假说2和假说4得证。

二　农机购置补贴政策效果与效率的测度

（一）农机购置补贴政策效果的测度

农机购置补贴政策效果指一段时间内农机购置补贴对农机保有量或农业机械化水平的影响，具体可以用农机购置补贴政策的贡献率来表示，即用"农机购置补贴政策带来的农机保有量或农业机械化水平累计增加值与农机保有量或农业机械化水平实际总累计增加值之比"来表示。其计算公式分别为：

$$R_P = \Delta Q_P / \Delta P \quad (6-6)$$

$$R_M = \Delta Q_M / \Delta M \quad (6-7)$$

式（6-6）和式（6-7）中，R_P 和 R_M 分别表示农机购置补贴政策对农机保有量和农业机械化水平实际总累计增加值的贡献率，ΔQ_P 和 ΔQ_M 分别表示农机购置补贴政策带来的农机保有量和农业机械化水平的累计增加值。根据式（6-4）和式（6-5），ΔQ_P 和 ΔQ_M 可表示为 $\int_1^t (\beta + \gamma t) dSub_t$。$\Delta P$ 和 ΔM 分别为农机保有量和农业机械化水平的实际总累计增加值，可通过实际数据计算得到。于是，可得到：

$$R_P = \int_1^t (\beta + \gamma t) dSub_t / \Delta P \quad (6-8)$$

$$R_M = \int_1^t (\beta + \gamma t) dSub_t / \Delta M \quad (6-9)$$

（二）农机购置补贴政策效率的测度

政策效率可简单解释为政策投入与产出之间的比例（宁骚，2011）。假设产出 y 与投入 x 之间存在 $y = kx$ 的简单线性关系，那么，

$k = y/x$ 就是简单的产出投入比，即可以视 k 为效率值，而系数 k 又可以表示为 x 对 y 的边际影响。因此，农机购置补贴的效率可以表现为其对农机保有量和农业机械化水平的边际影响，即农机保有量或农业机械化水平对农机购置补贴变量的偏导数，也就是式（6-4）和式（6-5）中农机购置补贴变量的系数 $\beta + \gamma t$。

三　数据来源与变量描述性统计

本章研究中所有变量的数据均为全国及 31 个省（直辖市、自治区）层面的面板数据。数据来源分别是：农机总动力数据来自《全国农业机械化统计年报》[①]，农业综合机械化水平数据根据《全国农业统计提要》[②] 中有关数据计算得到，农机购置补贴数据来自 2004—2015 年《全国农业机械化统计年报》，单位耕地面积地区生产总值、劳均耕地面积、水稻种植面积比例数据根据 2009—2016 年《中国统计年鉴》[③] 相关数据计算得到，平地面积占耕地面积比例数据来自中国科学院人地系统主题数据库[④]。

所有变量的描述性统计结果见表 6-1。

表 6-1　　　　　　　　各变量的描述性统计

变量类型	变量名称	单位	均值	标准差	最小值	最大值
被解释变量	单位耕地面积农机总动力	千瓦/公顷	5.89	2.65	1.96	12.35
	农业综合机械化水平	%	51.68	22.18	3.97	100.00

---

① 农业部农业机械化管理司（编）：《全国农业机械化统计年报》（2008—2015 年，历年），内部资料。

② 农业部市场与经济信息司（编）：《全国农业统计提要》（2008—2015 年，历年），中国农业出版社。

③ 中华人民共和国国家统计局（编）：《中国统计年鉴》（2009—2016 年，历年），中国统计出版社。

④ 该数据库是面向人地系统基础研究、国家经济建设和国家战略需求，以人口、资源、环境和发展为核心的数据库服务系统。它由中国科学院信息化专项提供支持，由中国科学院地理科学与资源研究所承建。平地面积和耕地面积数据详见 http://www.data.ac.cn/zrzy/ntBB08.asp? d = &p = &g = &z = &query = + % C8 % B7 % C8 % CF + &m = BB08&k = 2&r = 26&name = &pass = &danwei = 。

续表

变量类型	变量名称	单位	均值	标准差	最小值	最大值
解释变量	农机购置补贴资金	元/公顷	387.87	291.44	0.00	1756.19
	单位耕地面积地区生产总值	万元/公顷	85.59	177.38	4.66	1050.92
	劳均耕地面积	公顷/人	0.59	0.43	0.16	2.52
	水稻种植面积比例	%	29.55	29.00	0.00	91.29
	平地面积占耕地面积比例	%	54.67	27.31	4.72	100.00

第三节　结果与分析

一　农机购置补贴政策效果分析

本章选用变系数模型，运用 Stata12 软件分别对单位耕地面积农机总动力影响因素模型与农业综合机械化水平影响因素模型进行回归。考虑到可能存在异方差问题，本章用面板校正标准误差进行修正，得到模型估计结果（见表 6-2）。两个模型的拟合优度 R^2 分别为 0.94 和 0.99，拟合效果很好。

表 6-2　　　　　　　　　　模型的估计结果

变量		单位耕地面积农机总动力		农业综合机械化水平	
		系数	t 值	系数	t 值
农机购置补贴资金		1.89E-03*	1.81	1.05E-02***	3.55
时间×农机购置补贴资金		-1.55E-04*	-1.78	-1.24E-03***	-3.52
单位耕地面积地区生产总值	全国	0.08***	4.44	0.74***	13.10
	北京	2.27E-03	1.03	2.55E-03	0.36
	天津	0.01***	3.12	0.08***	5.66
	河北	0.17***	7.23	0.57***	5.94
	山西	0.03	0.88	1.44***	12.92
	内蒙古	0.12**	2.47	2.28***	8.64
	辽宁	0.02	0.93	0.75***	8.73
	吉林	0.04	1.20	1.72***	4.84
	黑龙江	0.19	1.61	5.22***	6.44

续表

变量		单位耕地面积农机总动力		农业综合机械化水平	
		系数	t 值	系数	t 值
单位耕地面积地区生产总值	上海	− 1.38E − 03	− 1.00	0.01*	1.65
	江苏	0.03***	4.04	0.17***	5.45
	浙江	0.03***	3.60	0.09***	4.93
	安徽	0.13***	4.72	1.35***	13.09
	福建	0.02***	2.58	0.11***	5.66
	江西	0.07	1.24	1.14***	13.65
	山东	0.12***	8.57	0.47***	6.68
	河南	0.16***	6.29	0.70***	6.21
	湖北	0.07***	4.31	0.68***	10.43
	湖南	0.13***	5.27	0.80***	11.62
	广东	0.01	1.51	0.08***	5.26
	广西	0.11***	3.47	0.91***	8.85
	海南	0.02	0.74	0.42***	5.44
	重庆	0.04***	5.50	0.74***	12.35
	四川	0.08***	5.34	0.66***	4.61
	贵州	0.12***	7.85	0.57***	4.70
	云南	0.13***	7.05	0.66***	5.66
	西藏	0.38***	7.60	0.99***	3.28
	陕西	0.06***	3.34	1.03***	9.19
	甘肃	0.17***	3.83	1.77***	6.51
	青海	0.13***	4.90	0.92***	11.79
	宁夏	0.09***	3.12	1.42***	8.92
	新疆	2.19E − 03	0.04	1.35***	4.53
劳均耕地面积		− 1.90***	− 3.41	9.93***	3.38
水稻种植面积比例		0.02	1.20	− 0.24***	− 8.73
平地面积占耕地面积比例		0.04***	7.57	0.57***	15.87
常数项		1.83***	4.89	0.61	0.30
样本数		256		256	
R^2		0.94		0.99	

注：*、**、***分别表示在10%、5%和1%的统计水平上显著。

在单位耕地面积农机总动力模型中，农机购置补贴资金对单位耕地面积农机总动力的影响在 10% 的统计水平上显著，且系数为正，表明 2008—2015 年实施农机购置补贴政策确实促进了农机总动力增长，农机购置补贴资金每增加 1 元/公顷，则农机总动力增加 1.89×10^{-3} 千瓦/公顷。因此，本章提出的假说 1 得以证明。2015 年农机购置补贴资金比 2008 年增加了 551.42 元/公顷，根据表 6-2 中的结果和式（6-8），可测算出 2008—2015 年农机购置补贴使单位耕地面积农机总动力累计增加了 0.62 千瓦/公顷，而 2015 年实际农机总动力比 2008 年增加了 1.52 千瓦/公顷，农机购置补贴资金的贡献率为 40.41%。

在农业综合机械化水平模型中，农机购置补贴资金通过了 1% 统计水平的显著性检验，且系数为正，农机购置补贴资金每增加 100 元/公顷，农业综合机械化水平提高 0.01 个百分点，假说 3 由此得以证明。根据表 6-2 中的结果和式（6-9），可测算出 2008—2015 年农机购置补贴使全国农业综合机械化水平累计增长了 3.07 个百分点，而这期间全国实际农业综合机械化水平增长了 16.81 个百分点，农机购置补贴政策的贡献率为 18.27%。

二　农机购置补贴政策效率分析

在单位耕地面积农机总动力模型中，"时间×农机购置补贴资金"在 10% 的统计水平上显著，且系数为负，其边际效应为：每增加 1 年，农机购置补贴资金对农机总动力的影响下降 1.55×10^{-4} 千瓦/公顷。在农业综合机械化水平模型中，"时间×农机购置补贴资金"通过了 1% 统计水平的显著性检验，对农业综合机械化水平的影响为负，说明随着时间的推移，农机购置补贴政策的效率递减。利用表 6-2 计算得到全国农机购置补贴的年度边际贡献，即 $\beta + \gamma t$。该数值越大，表明农机购置补贴政策的效率越高；反之则相反。该数值下降，表明农机购置补贴政策的效率下降；反之则相反。式（6-4）中全国单位耕地面积农机总动力与农机购置补贴年度边际贡献变化情况如图 6-2 所示，式（6-5）中全国农业综合机械化水平与农机购置补贴年度边际贡献变化情况如图 6 – 3 所示。

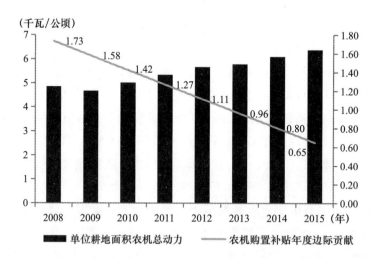

图 6 – 2　单位耕地面积农机总动力与农机购置补贴年度边际贡献

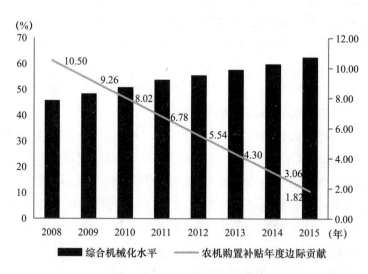

图 6 – 3　农业综合机械化水平与农机购置补贴年度边际贡献

从图 6 – 2 和图 6 – 3 可以看出，2008—2015 年，中国单位耕地面积农机总动力总体上呈上升趋势，综合机械化水平稳步提高，但农机购置补贴年度边际贡献（即 $\beta + \gamma t$ 的数值）相连后形成一条向右下方倾斜的直线，即农机购置补贴政策效率随着时间的推移逐渐下降，验证了本章提出的农机购置补贴政策效率下降的假说2和假说4。

在其他条件不变的情况下，2008年农机购置补贴资金每增加1万元/公顷，单位耕地面积农机总动力增加17.33千瓦/公顷；而到2015年，在其他条件不变的情况下，这一增加值下降到6.49千瓦/公顷。2008—2015年，中国农业综合机械化水平虽然逐年提高，但其增幅递减，农机购置补贴资金每增加100元/公顷，农业综合机械化水平从可以提高1.05个百分点减少到仅能提高0.18个百分点。在上述农机购置补贴政策效果的分析中，农机购置补贴资金对单位耕地面积农机总动力增量的贡献率远大于对农业综合机械化水平增量的贡献率。此时，是否有必要通过农机购置补贴政策刺激农机保有量增加来达到提高农业机械化水平的目标，值得商榷，农机购置补贴政策的效率应得到充分考虑。

第四节　小结

一　研究结论

本章基于激励效应与挤出效应视角，通过构建面板模型测算了2008—2015年农机购置补贴政策对农机保有量和农业机械化水平的影响，并通过在模型中引入时间与农机购置补贴资金的交互项，进一步探讨了农机购置补贴政策随着时间的推移是否存在效率损失现象。研究发现：第一，农机购置补贴资金对农机保有量有显著的正向影响，2008—2015年对农机保有量增量的贡献率达到40.41%；第二，农机购置补贴资金对农业机械化水平有显著的正向影响，2008—2015年对农业机械化水平增量的贡献率达18.27%；第三，农机购置补贴资金对农机保有量和农业机械化水平的边际贡献持续下降：农机购置补贴资金每增加1万元/公顷，农机保有量增量由2008年的17.33千瓦/公顷下降到2015年的6.49千瓦/公顷；农机购置补贴资金每增加100元/公顷，农业综合机械化水平的增幅从2008年的1.05个百分点减少到2015年的0.18个百分点。农机购置补贴资金、时间×农机购置补贴资金在模型中均显著，假说1、假说2、假说3和假说4得证，即农机购置补贴政策对农机保有量和农业机械化水平总体上都具有促进作用，但这种促进作用随着时间的推移而减弱，农机购置补贴政策的效率在不断下降。

二　政策启示

农机购置补贴政策的实施对农业机械化发展起到了巨大的推动作用，但发展农业机械化不能不计成本、不讲效率。从本章研究结论可以得出以下政策启示：

第一，尽快在全国范围内实施既定相关政策，即"缩范围、降定额、促敞开"，对目前保有量已经饱和的拖拉机、谷物收获机等机械的购置应降低补贴额度，非关键重点环节机械的购置应退出补贴范围，以避免挤出效应的作用降低农机购置补贴政策的效率。

第二，政府应加强数据统计和区域农机保有量饱和状态预警，对于区域保有量呈饱和状态的农机具，政府应通过公开渠道定期发布相关保有量数据和最佳保有量范围数据，避免农户因不掌握本区域农机保有状况而盲目购置。

第三，对于大型农机的购置者，应要求其提供农机作业面积的相关证明材料（例如流转土地合同或对外提供农机作业服务的农机作业合同），引导农民理性购置农机，避免农民购置农机后因周边同类农机保有量饱和而无稳定作业量，进而影响农机购置补贴政策的效果。

总之，应充分发挥农机购置补贴政策的激励效应，降低其挤出效应，使农机购置补贴政策的效果和效率实现最大限度的发挥。

第七章　农机购置补贴政策对农机企业盈利能力的影响

农机购置补贴政策实施的 12 年来，是中国农机工业快速发展的黄金时期，规模以上农机企业主营业务销售产值从 2004 年的 510.62 亿元增长到 2016 年的 4516.39 亿元，12 年增长了 7.84 倍；规模以上农机企业净利润从 2004 年的 9.8 亿元增长到 2016 年的 255.24 亿元，12 年增长了 25.04 倍。那么，农机购置补贴政策对农机企业的盈利起到了正向贡献吗？也许答案是显而易见的，但这种正向作用有多大呢？可持续吗？

为了回答以上问题，本章拟利用农机企业的微观财务数据，在分析农机购置补贴政策对农机企业盈利能力的影响机理的基础上，探讨现行农机购置补贴政策对农机工业盈利能力的影响方向与大小、影响随时间的变化以及在不同子行业的差异。

本章后续结构如下：首先分析农机购置补贴政策对农机工业企业盈利能力的作用机理并构建理论模型，其次利用企业微观财务数据进行实证分析，最后提出对策建议。

第一节　理论假说

一　理论分析

为了更加全面客观地刻画农机购置补贴政策影响农机工业企业盈利能力的作用机理，建立从宏观产业政策到微观公司盈利能力之间的传导机制，首先应厘清农机购置补贴政策对农机工业企业的动态影响机理。为了简化分析，将政策实施对农机工业企业的影响简要分为两个阶段。

第一阶段为农机行业"量价齐增"阶段。在这个阶段，30%比例的挂钩补贴资金大大降低了农户的购机成本，提高了农户对农业机械的购买力，尤其拉动了原本收入不高，但有强烈购买意愿的那部分农民的购买需求，将其购买意愿转化为真实需求，从而刺激了农机市场（如图7-1所示）。从图7-1可以看出，如果把S作为农机消费市场的供给曲线，D为需求曲线，农机购置补贴实施之前需求和供给在点E_0处达到均衡，生产者剩余为三角形OP_0E_0的面积；农机购置补贴的实施刺激了需求的扩大，使得需求曲线D向右移动至D'，而供给曲线在短期未能及时发生变化的情况下，新的需求曲线将与供给曲线S相交于新的均衡点E_1，农机产品价格P和销售数量Q均得到提高，农机购置补贴政策使得市场需求扩张，产能利用率提高，销售收入增加，从而利润上升，营业利润提高。在图7-1中，梯形$P_0P_1E_1E_0$为农机购置补贴实施后农机工业企业增加的生产者剩余。对于农机企业而言，农机销售数量和价格同时增加，进而营业收入增加，营业利润提升，利润率也大幅提升。显而易见，在农机购置补贴政策实施的第一阶段，其政策效应表现为对农机企业盈利能力正向提高。

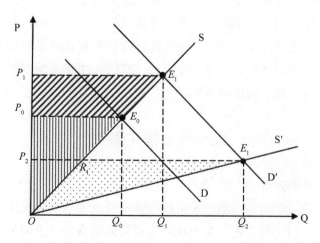

图7-1　农机购置补贴政策引起的农机市场供需变化

　　第二个阶段为"量稳价跌"的过度竞争阶段。这个阶段大量国内外企业被补贴政策所吸引，纷纷进入农机制造行业，产能出现过剩，竞争日趋激烈。2006年以后，规模以上农机企业数量表现出数量级增长，其总体趋势与补贴金额的增长趋势呈现相对一致的趋势（如图7-2所示）。国内制造企业通过业务转型进入农机市场，例如，原本致力于工程机械的中联重工（中联重机）、柳工、江苏沃得；国外农机企业也大量进入国内市场，而那些原本就对中国出口的外国农机企业则进一步在中国并购或直接投资建厂以获取市场份额，如约翰迪尔、凯斯纽荷兰、爱科、雷肯、久保田、井关、洋马等。

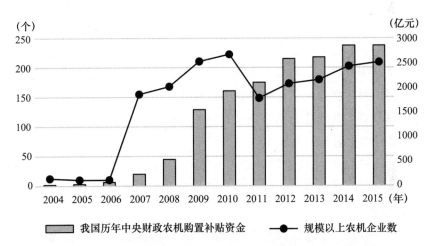

图7-2　农机购置补贴资金与规模以上农机企业数变动趋势

注：农机工业企业数据来源于历年《中国农业机械工业年鉴》。

　　然而新进企业数量的增加对农机企业盈利能力的影响如何，其结果具有不确定性。如图7-1所示，大量新企业的进入使得市场供给增加，竞争加剧，供给曲线 S 右移至 S'，与需求曲线相交于 E_2 点，此时产品销售数量增加，价格也随之下降。生产者剩余变为 OP_2E_1，甚至可能低于没有实施补贴之前的 OP_0E_0。

　　一方面，国内企业的集聚能产生规模经济效应，节约成本，提高经济效益；同时，通过信息和人力资本的交流交换，外资企业的进入为中国农机工业带来了先进的技术和管理经验，形成技术溢出效应。规模经济效应和技术溢出效应均对农机企业的盈利能力具有正向的影响。另一方面，新进企业的急剧增加使行业内市场竞争加剧，农机产品同质化严重，高端产品供给不足；新进企业技术相对落后、装备制造能力不强，导致低端产品产能过剩；加之农机购置补贴实施至今已十余年，市场需求趋于饱和，引起行业销量下滑。这些因素都将导致企业盈利能力不升反降。然而市场容量毕竟有限，这一阶段的政策效应可能最终表现为竞争加剧、企业盈利能力下降。

因此，根据以上分析，购机补贴政策对具体微观企业的盈利能力影响可能是倒"U"形的趋势，某个时间点之前，补贴的增加使得需求增加，在没有新的产能进入之前或者新的产能没有同步跟上之前，农机价格将快速上涨进而提高农机企业的生产者剩余及盈利能力；但随着新企业的进入，以及原有企业的产能加大，总产能增加，行业竞争加剧，到达拐点之后，价格的降低使生产者剩余逐渐减少，直至对农机行业平均盈利能力造成负向影响。

综合以上分析，可提出假说 H1。

假说 H1：农机购置补贴政策对农机工业企业的盈利能力的影响一开始表现为正向递增，随着时间的推移和补贴资金的持续增加，开始表现为递减甚至为负。

农机购置补贴旨在鼓励农民使用先进的农业机械，提高农业机械化水平，促进农民增收，提高农业综合生产能力，因而其补贴目录侧重于补贴农民个人和直接从事农业生产的农机服务组织所需要使用的农业机械装备。根据农机购置补贴的实施办法，补贴目录重点补贴了小麦、水稻、玉米、大豆四大粮食作物的作业机械，具体包括：大中型拖拉机等农用动力机械、农田作业机具、粮食及农副产品的产后处理机械、秸秆、饲草加工处理及养殖机械。

补贴资金分布如图 7-3 所示。2011—2015 年农机购置补贴金额集中分布在收获机械和动力机械两方面，耕整地机械和种植施肥机械等也占有一定比例，其他行业则补贴较少。

基于补贴金额的分配状况，拖拉机制造和机械化农业及园艺机具制造两个行业的补贴力度最强。因此，可提出假说 H2。

　　假说 H2：处于不同行业的农机企业受到农机购置补贴政策的影响不同，其中拖拉机制造和机械化农业及园艺机具制造两个子行业受到政策影响最大。

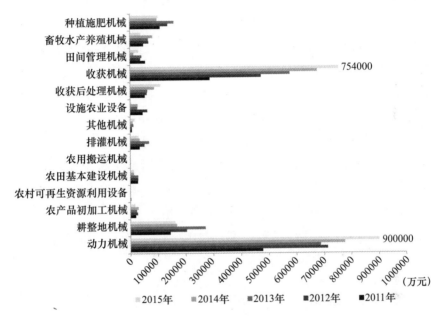

图 7 - 3　2011—2015 年农机购置补贴金额在不同行业的分布情况

资料来源：张宗毅：《2016—2020 年全国农机购置补贴资金需求测算研究报告》，农业部南京农业机械化研究所，2016 年。

二　模型构建

为验证假说 H1，本章构建实证模型如式（7 - 1）：

$$pro_{it} = \alpha_0 + (\alpha_1 + \alpha_2 t + \alpha_3 t^2)sub_t + \gamma X_{in} + \varepsilon_{it} \qquad (7-1)$$

其中，i 表示第 i 个企业，pro 代表具体某个农机企业盈利能力，α_0、α_1、α_2、α_3 是常数项，γ 为常数向量，sub_t 为第 t 年全国的中央级农机购置补贴资金数量，X_{in} 表示影响第 i 个农机企业盈利能力的控制变量向量；ε_t 为误差干扰项。由于农机购置补贴是直接补贴给农户，无法得到各个行业的具体年度数据，其补贴力度的大小用历年农机购置补贴金额来代表。为方便数据处理，令 1998 年 $t = 1$，1999 年 $t = 2$，后面依次类推。

根据假说 H1，如果式（7-1）中时间 t 的一次项为正、二次项为负，则表明购机补贴政策对农机工业企业的盈利能力影响确实先上升后下降，则假说 1 得到验证。每个变量的具体含义如下：

（1）农机工业企业盈利能力

对公司盈利能力的分析大多建立在公司三大财务报表的基础之上，以销售毛利率、销售净利率、投资报酬率等指标来评价，目前尚不存在统一的衡量指标。考虑到测度指标的科学性和全面性以及数据的可得性和代表性，本书选取了资产回报率 ROA 指标。

资产回报率 ROA，又称资产收益率，用来衡量每单位资产创造的收益。资产回报率越高，表示企业资产运用的效率越高，企业经营管理的效果越好，盈利能力越强。其计算公式为（企业所得税税率按 25% 计算，净利润 = 利润总额 - 所得税费用）

$$资产回报率\ ROA = \frac{净利润 + 利息费用 \times（1 - 企业所得税税率）}{期初资产}$$

$$(7-2)$$

历年资产回报率如图 7-4 所示。

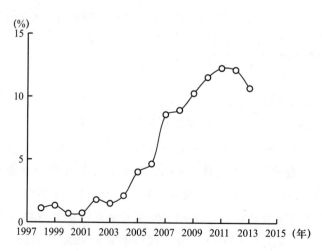

图 7-4　1998—2013 年农机工业企业资产回报率

（2）其他控制变量

研究企业盈利能力影响因素的相关文献相对较多，归纳起来主要包括：（1）企业资本结构、企业资产结构、公司治理结构等反映企业管理水平和资产运营效率的微观因素。金碚、李钢（2007）认为中国企业盈利能力不断提高并不是因为垄断，而是因为企业管理水平的提高、企业资产运营效率的提高、投资收益的增加以及部分职工工资转化为企业利润。Modigliani and Miller（1963）提出了 MM 资本结构理论，首次较为系统全面地论述了企业价值和资本结构之间的关系。高国伟（2009）、赖德会（2011）和王长江等（2011）分别利用中国制造业上市公司财务数据、沪市 288 家制造业公司和 158 家江苏省上市公司数据，对资本结构与盈利能力之间的关系进行实证研究，发现在不同的研究样本和不同的资本结构指标下，资本结构与盈利能力之间关系的显著性、方向和大小均存在差异。姚华超（2016）从股权结构、董事会、监事会、管理层四个维度分析了公司治理结构对盈利能力的影响，并且得出公司规模与盈利能力显著正相关，而资产负债率与之相反。（2）企业创新与价值链扩张之间的互动关系因素。王文涛等（2012）以中国医药类上市制造企业为例，探究了企业创新与价值链扩张之间的互动关系对企业盈利的影响，具体分析了处于不同价值链环节的主要因素对企业盈利能力的影响程度。（3）国家财税补贴、产业集中度、产品价格等宏观因素。彭聪（2011）利用中国农业上市公司数据进行实证分析，得出农产品价格、国家财税补贴、公司治理和股权结构对农业上市公司盈利水平均呈现正相关。于明超、黄琴（2015）利用 2007 年制造业四位数产业数据建立模型发现，工业品产业越集中，产业盈利能力越强。其他学者还研究了盈利能力与盈利持续性之间的关系。钱爱民等（2009）构建了一套基于核心盈利能力的盈利结构质量评价体系，得出核心盈利能力和盈利结构质量是影响盈利持续性的重要因素。曹友情（2013）以 A 股制造业上市公司为研究对象，对行业层面和企业层面因素影响公司盈利和盈利持续性的相对重要性进行了实证研究，结果表明不同层面因素均对企业盈利及其持续性具有显著正相关关系，其中，行业层面因素对低效企业影响更显著，而企业层面因素对高效企业影响更显著。

参照已有研究文献，在考察企业盈利能力的影响因素时，分别控制了企业规模、企业经营年限、主营业务收入、资产结构等变量。

①企业规模（fix）。选取会计科目"固定资产合计"作为企业规模的指标，用固定资产的规模来衡量企业的规模。当企业规模越大，可能带来企业内部规模效应，节约生产成本，从而提高利润；但同时规模过大也可能导致企业组织管理难度增加、信息传递成本增加，使企业决策效率低下，从而导致盈利能力的下降。企业规模对其盈利能力的影响方向未知。

②企业经营年限（age）。其公式为：企业经营年限 = 出现年份 − 成立年份 + 1。Adizes（1989）在《企业生命周期》一书中，将企业成长过程分为孕育期、青春期、盛年期、官僚期、死亡期等十个阶段，认为企业建立初期决策相对灵活，较容易进行变革，但可控性差，难以预测其行为；而当企业进入老化期，企业对其行为的控制力较强，但灵活性较差。因此处于不同成长周期的企业，其盈利能力的变化方向不同。

③主营业务收入（inc）。主营业务收入作为企业利润的主要来源，是企业日常销售商品、提供劳务所产生的收入，代表了一个企业所处的行业特征。其影响方向预期为正。

④资产结构（capstr）。用资产负债率来表示，资产负债率 = 年末负债总额/资产总额。根据已有文献对企业盈利能力与其资产结构之间的关系进行的实证分析，其影响方向预期为负。但值得注意的是，企业试图扩大生产规模需要一定的资本支撑，短期内企业固定资产的需求不变，对流动资产的需求会随生产规模的扩张而扩大。为了满足新的流动性要求，通常借贷会成为企业的首要选择。通过向银行借款或上市公司可以增发股票，企业获得扩大生产所需要的流动资产，同时企业增加了负债水平，其资产负债率也随之增加。因此，资产结构的影响方向也是未知的。

基于前述被解释变量和解释变量的选取，在式（7 − 1）的基础上，构建验证假说 H1 的最终实证模型如式（7 − 3）：

$$ROA_{it} = \alpha_0 + (\alpha_1 + \alpha_2 t + \alpha_3 t^2)\, sub_t + \alpha_4\, fix_{it} +$$
$$\alpha_5\, age_{it} + \alpha_6\, inc_{it} + \alpha_7\, capstr_{it} + \varepsilon_{it} \qquad (7-3)$$

对于假说 H2，将式（7-3）中的补贴项加上行业分类变量交互项，也即是

$$ROA_{it} = \alpha_0 + (\alpha_{1j} + \alpha_{2j} t + \alpha_{3j} t^2)\, sub_t \times industry_j + \alpha_4\, fix_{it} +$$
$$\alpha_5\, age_{it} + \alpha_6\, inc_{it} + \alpha_7\, capstr_{it} + \varepsilon_{it} \qquad (7-4)$$

其中 $industry_j$ 表示第 j 个子行业虚变量，不同的子行业估计出的系数 α_{1j}、α_{2j}、α_{3j} 大小和显著性将都有所差异，且拖拉机制造和机械化农业及园艺机具制造两个被重点补贴的子行业显著性最高，补贴对其影响最大，则表明假说 H2 成立。

第二节 模型与数据来源

本书的企业财务数据来源于《中国工业企业数据库》，该数据库涵盖了全部国有企业以及规模以上（销售收入在 500 万元以上，2011 年之后改为 2000 万元以上）的非国有企业。为了更加准确地进行实证分析，本书对该数据库进行了进一步处理。一是剔除 2010 年的数据。由于《中国工业企业数据库》2010 年的数据难以获得可信任的来源，因此本书剔除 2010 年的数据，以确保数据获取的可靠性，最终选取的时间节点为 1998—2009 年和 2011—2013 年，共 15 年。二是匹配行业代码。为保持前后一致，根据《国民经济行业分类新旧类目对照表》，本书对 4 位数行业代码进行了重新编码匹配，最终得到了农用及园林用金属工具制造业、农副食品加工专用设备制造业、饲料生产专用设备制造业、拖拉机制造等 10 个行业层面的数据（具体行业代码对照表见表 7-1）。三是剔除异常的样本观测值。剔除包含从业人数小于 10 人，工业增加值、工业总产值、工业销售产值、固定资产原值、固定资产净值及各项投入为负，固定资产原值小于固定资产净值，工业增加值、中间投入大于工业总产值，固定资产原值小于 5 万元 5 种情况异常样本观测值。

表7-1 行业代码对照

行业代码	农、林、牧、渔专用机械制造
3423	农用及园林用金属工具制造业
3632	农副食品加工专用设备制造业
3633	饲料生产专用设备制造业
3671	拖拉机制造
3672	机械化农业及园艺机具制造
3673	营林及木竹采伐机械制造
3674	畜牧机械制造
3675	渔业机械制造
3676	农林牧渔机械配件制造
3679	其他农林牧渔业机械制造及机械修理

购机补贴数据来源于历年《全国农业机械化统计年报》。模型所需指标的描述统计结果见表7-2。

表7-2 主要变量的描述性统计

变量	单位	观测值个数	平均值	方差	最小值	最大值
ROA	无量纲比值	23048	0.1177	0.3219	-3.5068	16.6953
sub	亿元	23842	60.4853	84.4366	0.0000	217.5500
age	年	23828	24.3762	17.9090	1.0000	97.0000
fix	亿元	22427	0.1627	0.9110	0.0005	41.2005
inc	亿元	23808	0.7545	4.5717	0.0000	210.6312
capstr	无量纲比值	23795	0.7001	0.9619	0.0000	38.3704

第三节 模型结果及讨论

一 农机购置补贴政策对农机工业企业盈利能力的初步检验

表7-3报告了对式（7-3）在三种模型下的回归估计和Hausman检验结果。表中第（1）列、第（2）列、第（3）列分别报告了该模型设定下的混合OLS估计、固定效应模型估计和随机效应模型估

计。以混合 OLS 的估计结果作为比较基准，考虑到组内异方差和序列相关问题，该估计以每个企业唯一编码为聚类变量估计了聚类稳健标准差。经 xttest0 检验，随机效应模型显著优于混合 OLS 模型。本章进一步对固定效应模型和随机效应模型的结果进行了 Hausman 检验，结果拒绝原假设，固定效应模型更合适。

表7-3　农机工业混合 OLS、固定效应模型和随机效应模型回归结果

解释变量	被解释变量 ROA		
	（1）POLS	（2）FE	（3）RE
sub	-0.0111***	-0.0042**	-0.0055***
	（-3.27）	（-2.14）	（-3.09）
sub#t	0.0018***	0.0007**	0.0009***
	（3.53）	（2.60）	（3.62）
sub#t^2	-6.52E-05***	-2.77E-05***	-3.40-05***
	（-3.64）	（-2.71）	（-3.76）
fix	-0.0196**	-0.0252***	-0.0265***
	（-2.24）	（-4.31）	（-5.53）
age	-0.0023***	-0.0006**	-0.0015***
	（-16.61）	（-2.52）	（-8.08）
inc	0.0039**	0.0031***	0.0033***
	（2.53）	（4.41）	（5.38）
capstr	-0.0177***	0.0071***	0.0039**
	（-4.23）	（4.42）	（2.47）
_cons	0.1596***	0.0990***	0.1181***
	（22.71）	（13.56）	（17.05）
Hausman 检验	—	87.69***	
R^2	0.0602	0.0509	0.0535
F 值/chi^{2}值	121.94***	107.63***	1044.96***
观察值个数	21691	21691	21691
rho	—	0.8177	0.7907

注：**、***分别表示显著性水平为5%和1%；括号中为 t 值或 z 值；"—"表示第一个模型没有这些指标。

在固定效应模型中，含有补贴项的系数均显著，即 $(\alpha_1 + \alpha_2 t + \alpha_3 t^2) sub_t$ 中的 α_1、α_2、α_3 均显著，其中补贴与时间一次项的交互项的系数为正，与时间二次项的交互项为负，使得补贴政策的效应系数（即 $\alpha_1 + \alpha_2 t + \alpha_3 t^2$ 部分）为倒 "U" 形，从 2004 年开始一直增长，在 2010 年达到峰值，2010 年以后开始下降，到 2016 年降为负值（如图 7 – 5 所示）。

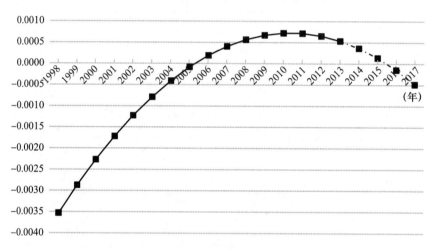

图 7 – 5　1998—2017 年农机购置补贴政策边际效应

注：2014 年以后数值为预测值，后同。

将历年的补贴政策效应系数乘上历年的购机补贴资金数量，得到购机补贴政策对农机企业盈利能力的真实效应数值，如图 7 – 6 所示。

由于 1998—2003 年购机补贴资金为 0，所以补贴政策效应值为 0；2004 年和 2005 年由于全国购机补贴资金数值较小，补贴效应值取 3 位小数时效应仍然约等于 0；2006 年的补贴效应值取 3 位小数位 0.001，也即是当年购机补贴资金使得农机企业的资产回报率（ROA）提高了 0.001；购机补贴效应值随着时间和购机补贴资金的提高快速提高，在 2012 年达到峰值 0.140，这里峰值跟补贴政策效应系数未同步是因为 2011 年和 2012 年的补贴总额比 2010年分别提高了 14.4 亿元和 54.4 亿元，补贴绝对额的提高推迟了补

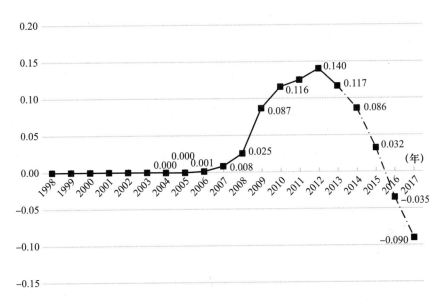

图 7 - 6　1998—2017 年农机购置补贴政策效应值

贴政策对农机企业盈利能力的效应值峰值的到来；2013 年补贴政策效应值开始下降，至 2016 年补贴效应值变为负数，为 - 0.035；2017 年为 - 0.090，即 2017 年由于农机购置补贴政策将使企业的资产回报率（ROA）整体下降 0.090。总之，农机购置补贴对农机企业盈利率的影响随年份的增长先增加后减小，呈现倒"U"形，并预计在 2016 年开始对农机企业盈利能力造成负向影响，假说 H1 得证。

　　除了补贴因素以外，以企业固定资产总值为代表的企业规模在固定效应模型中显著为负，说明随着企业规模的增加，盈利能力不升反降，表明农机行业整体的资产运营效率不高，资产盈利能力较低；企业经营年限对企业盈利能力的影响显著为负，表明对于农机工业整体而言，经营年限越久的企业总体灵活性不够、创新性不强，而新进入的企业却灵活性相对较强、历史负担较轻，盈利能力更强；根据主营业务收入的系数值，企业的主营业务收入对企业盈利能力显著正相关，与预期相符；代表资产结构的资产负债率指标对盈利能力的影响为正，考虑到农机购置补贴政策增加了市场需求，企业将扩大生产规模，因而负债上升对资产回报率具有正向影响。

二   农机购置补贴政策对不同行业的影响差异

为了研究农机购置补贴对 10 个子行业的影响差异，根据式（7-4），考虑 10 个子行业分类变量，得到回归结果见表 7-4。在10 个子行业中，只有拖拉机制造和机械化农业及园艺机具制造行业（行业代码为 3671 和 3672）模型中补贴变量的系数均显著，该结果与农机购置补贴政策资金投入的主要去向相一致，符合预期。且与整个行业一致，这两个重点补贴行业的补贴变量与时间一次项的交互项系数为正，与时间二次项的交互项系数为负，表明农机购置补贴政策对重点补贴行业的影响的确具有先增后减的倒"U"形特征，假说 H2 得到验证。其他行业的政策效应均不显著，因其所涉及的农机产品大多不在农机购置补贴政策的补贴范围之中，该结果符合预期。

因此，假说 H2 得到证实，即处于不同子行业的农机企业盈利能力受到农机购置补贴政策的影响不同，补贴资金投入较多的两个子行业受到补贴政策影响较明显，而其他行业则政策效应不显著。

三   稳健性检验

（一）基于多种计量方法的稳健性检验

表（7-3）的估计结果，分别使用了混合 OLS、固定效应模型和随机效应模型三种模型进行回归，最终通过 Hausman 检验选择了固定效应模型。为了证明回归结果的稳健性，本章进一步分别使用虚拟变量法（LSDV）、极大似然估计法（MLE）和组间估计法（BE）对原模型进行了重新估计，结果见表 7-5。从该表可以看出，估计结果相当稳健。

表7-4　农机工业10个子行业的固定效应回归结果

被解释变量：ROA

解释变量	3423	3632	3633	3671	3672	3673	3674	3675	3676	3679
sub	0.0068	-0.0070	0.0095	-0.0125*	-0.0136**	0.0019	0.0115	0.0030	0.0024	0.0024
	(0.71)	(-1.10)	(0.65)	(-1.84)	(-2.46)	(0.21)	(1.29)	(0.34)	(0.42)	(0.30)
sub#t	-0.0010	0.0012	-0.0011	.0020**	.0021***	-0.0008	-0.0015	-0.0006	-0.0002	-0.0002
	(-0.71)	(1.25)	(-0.52)	(2.06)	(2.57)	(-0.59)	(-1.19)	(-0.46)	(-0.25)	(-0.15)
sub#t^2	4.12E-05	-4.28E-05	3.33E-05	-7.70E-05**	-7.60E-05***	4.95E-05	4.78E-05	2.67E-05	6.33E-06	4.45E-06
	(0.75)	(-1.25)	(0.44)	(-2.18)	(-2.60)	(1.05)	(1.14)	(0.59)	(0.21)	(0.11)
fix					-0.0239**					
					(-2.11)					
age					-0.0007					
					(-1.12)					
inc					0.0030*					
					(1.80)					
capstr					0.0066					
					(1.60)					

续表

解释变量				被解释变量：ROA					
	3423	3632	3633	3671	3672	3673	3674	3675	3676	3679
_cons					0.0991***					
					(6.28)					
观测值个数					21691					
拟合优度					0.0562					
sigma_u					0.3899					
sigma_e					0.1838					
rho					0.8182					
F统计量					41.59***					

注：*、**、***分别表示显著性水平为10%、5%和1%；括号中为t值。

表7-5　农机购置补贴政策与农机工业企业盈利能力：稳健性检验

解释变量	被解释变量：ROA		
	（7）LSDV	（8）MLE	（9）BE
sub	-0.0042**	-0.0058***	-0.0280***
	（-2.14）	（-3.20）	（-5.78）
sub#t	0.0007***	0.0010***	0.0041***
	（2.60）	（3.73）	（6.05）
sub#t^2	-0.0000***	-0.0000***	-0.0001***
	（-2.71）	（-3.87）	（-6.16）
fix	-0.0252***	-0.0266***	-0.0284***
	（-4.31）	（-5.55）	（-3.23）
age	-0.0006**	-0.0016***	-0.0023***
	（-2.52）	（-8.61）	（-7.17）
inc	0.0031***	0.0034***	0.0046***
	（4.41）	（5.38）	（3.01）
capstr	0.0071***	0.0033**	-0.0715***
	（4.42）	（2.05）	（-8.75）
_cons	0.0990***	0.1207***	0.1968***
	（13.56）	（17.81）	（15.09）
R^2	0.7860	—	0.0505
F值/LR chi^{2}值	107.63***	1022.89***	57.91***
观察值个数	21691	21691	21691

注：*、**、***分别表示显著性水平为10%、5%和1%；括号中为t值或z值；模型（7）（8）（9）分别对应虚拟变量法、极大似然法和组间估计法的估计结果；"—"表示第一个模型没有这些指标。

（2）基于销售毛利率的盈利能力检验

为了进一步保证估计结果的稳健性，本章使用销售毛利率①对原被解释变量 ROA 进行替换，对式（7-3）进行重新回归，估计结果

---

① 销售毛利率＝（销售收入-销售成本）/销售收入。本章以《中国工业企业数据库》中"主营业务收入"和"主营业务成本"两项作为销售收入和销售成本的值。

如表7-6所示。

表7-6 以销售毛利率为因变量的回归结果

解释变量	被解释变量：销售毛利率		
	（1）POLS	（2）FE	（3）RE
sub	-0.0389***	-0.0657***	-0.0502***
	（-20.70）	（-43.79）	（-40.11）
sub#t	0.0057***	0.0096***	0.0073***
	（20.98）	（44.99）	（41.41）
sub#t²	-0.0002***	-0.0003***	-0.0003***
	（-21.11）	（-45.41）	（-42.03）
fix	-0.0035	0.0142***	-0.0017
	（-0.96）	（3.19）	（-0.55）
age	0.0003***	-0.0001	0.0004***
	（2.76）	（-0.57）	（3.65）
inc	-0.0001	-0.0011**	-0.0001
	（-0.41）	（-1.98）	（-0.13）
capstr	-0.0549***	-0.0538***	-0.0542***
	（-12.99）	（-42.72）	（-44.91）
_cons	0.1939***	0.2023***	0.1765***
	（42.07）	（36.14）	（43.40）
Hausman 检验	—	538.48***	
R^2	0.0963	0.233	0.2242
F 值/chi 值	84.27***	619.10***	3756.96***
观察值个数	22400	22400	22400
rho	—	0.6775	0.5220

注：**、***分别表示显著性水平为5%和1%；括号中为t值或z值；"—"表示第一个模型没有这些指标。

从表7-6来看，使用销售毛利率与使用 ROA 数据回归所得到的估计结果一致。在混合 OLS 模型、固定效应模型和随机效应模型中，随机效应模型显著优于混合 OLS，根据 Hausman 检验固定效应模型显著优于随机效应模型。补贴的系数均显著为负，补贴与时间的交互项系数显著为正，补贴与时间的二次项的交互项系数显著为负，与使用ROA作为被解释变量的回归结果相一致，农机购置补贴政策对农机企业盈利能力具有显著正向影响，且随着时间的变化存在倒"U"形变化趋势。

第四节　小结

一　结论

研究表明，农机购置补贴政策的确对农机企业盈利能力具有显著影响。农机购置补贴政策给予农户购机优惠，减轻了购机农户的负担，增加了有效需求，大大提高了农机市场的活力，进而使农机企业的盈利能力提高。然而过高的补贴也会使得竞争加剧，低端产品供给过剩，高端产品供给不足，从而最终导致政策对农机企业整体盈利能力的影响效应在达到某一峰值之后转而下降，甚至为负。实证分析也证实了这一理论推理，即随着补贴时间的推移和补贴资金的增加，其政策效果先递增再逐年递减，呈现倒"U"形变化。因此，农机购置补贴政策资金的补贴不能无限制增加，而应根据现实需求进行酌情调整。

此外，由于补贴政策主要侧重于拖拉机和收获机等动力机械和收获机械行业，所以农机购置补贴对这两个子行业的企业盈利能力影响更为显著。这表明补贴政策为这两个特定子行业带来了十分显著的正面效应，然而倒"U"形趋势的出现也在警示着补贴资金分配的长期偏重已经带来了负面的影响。这对未来中国农机购置补贴政策的侧重点调整具有重要的参考价值。

二　建议

（1）农机购置补贴政策虽然直接受益对象为农户，但也显著影响到了农机工业企业，然而这一政策效应却一直被国内外学者和政策制定者所忽视。政策实施以来（2004—2015年）对农机工业企业的盈利能力提升起到了非常明显的正向促进作用。补贴政策刺激了农户购机需求，将原本主观购机需求强烈但客观购买力不足的农户购机愿望转化为有效需求，进而扩大了市场农机需求，有效促进了农机企业的盈利能力提高，也促进了农业机械化的发展。因此，政府应充分认识农机购置补贴政策对农机工业企业的提振作用和对农业机械化的促进效果，通过政策调整引导农机企业进一步发展。

（2）农机购置补贴政策的持续实施刺激了原有农机企业产能扩张和源源不断的新企业的进入，使得农机工业企业的微观竞争环境愈加恶劣，盈利总量不断被摊薄，农机购置补贴政策对农机企业盈利能力的影响在2016年以后变为负向效果，尤其是投入资金较多的拖拉机制造和机械化农业及园艺机具制造两个子行业。重点补贴的行业在补贴政策实施初期的盈利能力刺激效果已经由正变负，新进企业和原有企业不断扩大产能，在拖拉机、收获机市场保有量已经严重过剩的情况下，市场需求开始萎缩而产能在补贴刺激下进一步增加。同时行业内企业对政策依赖性过高使得企业创新动力不足，造成低端产品过剩、高端产品供给不足问题日益严重，导致农机工业企业盈利能力不断下滑，过激或者结构不合理的农机购置补贴政策将恶化这种状况，对行业的可持续发展造成破坏性的后果。因此，为了行业可持续发展，农机购置补贴政策应在资金分配上有所调整，逐步减少在拖拉机制造和机械化农业及园艺机具制造这两个子行业的补贴资金，防止这两个子行业中新企业的大量涌入和企业对政策的过度依赖导致过度竞争和资源错配，同时适当提高其他子行业的补贴力度。

（3）适当调整补贴方式，鼓励农机企业技术创新。作为现代农业装备的制造者、提供者，农机企业的可持续发展对中国农业现代化的可持续健康发展至关重要。农机企业盈利能力的提高将促进企业内部资源的优化配置，促进全行业的繁荣发展，给农机市场带来源源不断的活力。因此，政府在基于促进农业机械化目标而实施购机补贴政策的同时，应考虑加大农机企业创新能力培育力度，特别是国家重点科研计划应以"后资助"的方式适度向农机企业倾斜，同时对企业引进创新型人才给予政策扶持，通过多种途径鼓励企业进行技术创新，实现农机产业转型升级。

第八章 结论与政策建议

第一节 研究结论

通过本研究，可以得出以下结论：

（1）中国农业机械化近年来取得了快速发展，但仍然存在区域不平衡和产业不平衡的情况，主要表现为：平原地区发展较快、丘陵山区发展缓慢，主要粮食作物发展较快、经济作物和畜禽养殖发展缓慢。

（2）中国农机购置补贴政策具体实施制度经历了多次变迁，机具资质确定制度、补贴比率确定制度、补贴支付制度、经销商管理制度等都发生了较大变化，并非一成不变。其中变化最大的是补贴支付制度，从"差价购机"向"全价购机"变化，对农机制造企业、农机经销商、农户和政府行为都有极大影响。

（3）购机补贴直接影响了农户的购机决策，也影响了农机作业服务市场。如果按照相同比例进行补贴，有购机补贴和没有购机补贴相比，购机补贴降低了小型农业机械的适用空间下限，进一步挤压了人工作业适用空间，但也同时降低了大型农业机械的适用规模下限，从整体上压缩了小型农业机械的适用空间，扩大了大型农业机械的适用空间。同时，购机补贴政策与农机作业服务市场的效应叠加，进一步挤压人工作业和小型农机的适用空间，促进农机装备大型化。

（4）农机购置补贴政策对农机化发展确实起到了较为巨大的正向作用，但这种效果的边际效应正在递减。①农机购置补贴资金对农机保有量有显著的正向影响，2008—2015年对农机保有量增量的贡献率达到 40.41%；②农机购置补贴资金对农业机械化水平有显著的正向影响，2008—2015 年对农业机械化水平增量的贡献率达 18.27%；③农机购置补贴资金对农机保有量和农业机械化水平的边际贡献持续下降：农机购置补贴资金每增加 1 万元/公顷，农机保有量增量由 2008 年的 17.33 千瓦/公顷下降到 2015 年的 6.49 千瓦/公顷；农机购置补贴资金每增加 100 元/公顷，农业综合机械化水平的增幅从 2008 年的 1.05 个百分点减少到 2015 年的 0.18 个百分点。

（5）农机购置补贴政策的确对农机企业盈利能力具有显著影响。农机购置补贴政策显著影响了农机工业企业，然而这一政策效应却一直被国内外学者和政策制定者所忽视。政策实施以来（2004—2015 年）对农机工业企业的盈利能力提升起到了非常明显的正向促进作用。然而，农机购置补贴政策的持续实施刺激了原有农机企业产能扩张和源源不断的新企业的进入，使得农机工业企业的微观竞争环境愈加恶劣，盈利总量不断被摊薄，农机购置补贴政策对农机企业盈利能力的影响在 2016 年以后变为负向效果，尤其是投入资金较多的拖拉机制造和机械化农业及园艺机具制造两个子行业。同时行业内企业对政策依赖性过高使得企业创新动力不足，造成低端产品过剩、高端产品供给不足问题日益严重，导致农机工业企业盈利能力不断下滑，过激或者结构不合理的农机购置补贴政策将恶化这种状况，对行业的可持续发展造成破坏性的后果。

第二节　政策建议

（1）从区域的角度，今后应通过耕地宜机化整治来大力发展南方低缓丘陵区和西南丘陵山区农业机械化，平原地区应主要注重农机化水平全面发展和质量提高；从主要作物的角度，应高度重视蔬菜及其他经济作物的种植机械化，只要这些作物的主要环节机械化不能完成，中国的种植业机械化就不能达成。

（2）农户购机决策应进行合理引导，避免作业市场过度竞争导致的农机饱和闲置，特别是大型农机的闲置。政府应加强数据统计和区域农机保有量饱和状态预警，对于区域保有量呈饱和状态的农机，政府应通过公开渠道定期发布相关保有量数据和最佳保有量范围数据，避免农户因不掌握本区域农机保有状况而盲目购置。对于大型农机的购置者，应要求其提供农机作业面积的相关证明材料（如流转土地合同或对外提供农机作业服务的农机作业合同），引导农民理性购置农机，避免农民购置农机后因周边同类农机保有量饱和而无稳定作业量。

（3）尽快在全国范围内实施既定相关政策，即"缩范围、降定额、促敞开"，对目前保有量已经饱和的拖拉机、谷物收获机等机械的购置应降低补贴额度，非关键重点环节机械的购置应退出补贴范围，以避免挤出效应的作用降低农机购置补贴政策的效率。

（4）为了农机工业可持续发展，农机购置补贴政策应在资金分配上有所调整，逐步减少在拖拉机制造和机械化农业及园艺机具制造这两个子行业的补贴资金，防止这两个子行业中新企业的大量涌入和企业对政策的过度依赖导致过度竞争和资源错配，同时适当提高其他子行业的补贴力度。

（5）适当调整补贴方式，鼓励农机企业技术创新。作为现代农业装备的制造者、提供者，农机企业的可持续发展对中国农业现代化的可持续健康发展至关重要。农机企业盈利能力的提高将促进企业内部资源的优化配置，促进全行业的繁荣发展，给农机市场带来源源不断的活力。因此，政府在基于促进农业机械化目标而实施购机补贴政策的同时，应考虑加大农机企业创新能力培育力度，特别是国家重点科研计划应以"后资助"的方式适度向农机企业倾斜，同时对企业引进创新型人才给予政策扶持，通过多种途径鼓励企业进行技术创新，实现农机产业转型升级。

参考文献

［美］哈尔·R. 范里安：《微观经济学：现代观点》，费方域等译，上海人民出版社、上海三联书店1994年版。

宁骚：《公共政策学》（第二版），高等教育出版社2011年版。

白人朴：《中国特色农业机械化理论体系研究》，《中国农机化》2011年第5期。

蔡键、刘文勇：《社会分工、成本分摊与农机作业服务产业的出现——以冀豫鲁三省农业机械化发展为例》，《江西财经大学学报》2017年第4期。

曹光乔、张宗毅：《农户采纳保护性耕作技术影响因素研究》，《农业经济问题》2008年第8期。

曹光乔、周力、易中懿、张宗毅、韩喜秋：《农业机械购置补贴对农户购机行为的影响——基于江苏省水稻种植业的实证分析》，《中国农村经济》2010年第6期。

曹阳、胡继亮：《中国土地家庭承包制度下的农业机械化——基于中国17省（区、市）的调查数据》，《中国农村经济》2010年第10期。

杜浦、卜伟：《中国农机产业竞争力实证研究》，《经济问题探索》2014年第7期。

杜志雄、刘文霞：《家庭农场的经营和服务双重主体地位研究：农机服务视角》，《理论探讨》2017年第2期。

高玉强：《农机购置补贴、财政支农支出与土地生产率——基于省际面板数据的实证研究》，《山西财经大学学报》2010年第1期。

龚道广：《农业社会化服务的一般理论及其对农户选择的应用分析》，《中国农村观察》2000 年第 6 期。

韩旭、王秀华、黄光洁：《我国农机工业发展现状与对策研究》，《科技情报开发与经济》2011 年第 13 期。

洪暹国：《"十二五"农机工业发展成效与存在问题分析》，《农机质量与监督》2016 年第 4 期。

洪自同、郑金贵：《农业机械购置补贴政策对农户粮食生产行为的影响——基于福建的实证分析》，《农业技术经济》2012 年第 11 期。

胡凌啸、周应恒：《农机购置补贴政策对大型农机需求的影响分析——基于农机作业服务供给者的视角》，《农业现代化研究》2016 年第 1 期。

纪月清、钟甫宁：《农业经营户农机持有决策研究》，《农业技术经济》2011 年第 5 期。

金碚、李钢：《中国企业盈利能力与竞争力》，《中国工业经济》2007 年第 11 期。

李农、万祎：《我国农机购置补贴的宏观政策效应研究》，《农业经济问题》2010 年第 12 期。

连小璐、田志宏：《我国农机产品对外贸易的比较优势分析》，《农业技术经济》2004 年第 4 期。

刘玉梅、田志宏：《农户收入水平对农机装备需求的影响分析——以河北省和山东省为例》，《中国农村经济》2009 年第 12 期。

陆建珍、徐翔：《渔业购机补贴政策效果评价——基于广东、海南两省 426 户淡水养殖户数据的分析》，《农业经济问题》2014 年第 12 期。

罗必良：《论农业分工的有限性及其政策含义》，《贵州社会科学》2008 年第 1 期。

宁学贵：《农机工业增速趋缓　产业结构调整加快》，《农机市场》2014 年第 11 期。

潘经韬、陈池波：《农机购置补贴对农机作业服务市场发展的影响——基于 2004—2013 年省级面板数据的实证分析》，《华中农业大学学报》（社会科学版）2018 年第 3 期。

钱爱民、张新民、周子元：《盈利结构质量、核心盈利能力与盈利持续性——来自我国 A 股制造业上市公司的经验证据》，《中国软科学》2009 年第 8 期。

苏晓宁：《购机补贴对农户农机需求的影响——基于陕西省和河北省的农户调查》，《价格理论与实践》2012 年第 1 期。

王长江、林晨：《公司盈利能力与资本结构的相关性研究——基于江苏省上市公司的因子分析》，《东南大学学报》（哲学社会科学版）2011 年第 6 期。

王欧、杨进：《农业补贴对中国农户粮食生产的影响》，《中国农村经济》2014 年第 5 期。

王文涛、付剑峰、朱义：《企业创新、价值链扩张与制造业盈利能力——以中国医药制造企业为例》，《中国工业经济》2012 年第 4 期。

王艳红：《农机工业从量变到质变的机遇》，《农机市场》2016 年第 12 期。

王志刚、申红芳、廖西元：《农业规模经营：从生产环节外包开始——以水稻为例》，《中国农村经济》2011 年第 9 期。

邢玉升：《农机工业与现代农业、农村经济发展研究》，《北方经贸》2013 年第 11 期。

许广月：《农业机械化与农民收入关系研究——基于中国省级面板的实证分析》，《西部论坛》2011 年第 3 期。

颜玄洲、孙水鹅、欧一智：《农机购置补贴政策下种稻大户购机决策影响因素分析》，《农林经济管理学报》2015 年第 6 期。

杨锋、白人朴、杨敏丽：《农机工业市场集中度研究》，《农机化研究》2007 年第 4 期。

杨洪博：《直面"新常态"——访中国农机工业协会副秘书长宁学贵》，《农业机械》2015 年第 3 期。

姚蕾、田志宏：《我国农机产品出口市场份额研究》，《国际贸易问题》2006 年第 3 期。

于明超、黄琴:《广告、产业集中度与盈利能力:基于中国制造业数
据的实证分析》,《产经评论》2015 年第 4 期。

张华光:《上半年拖拉机市场上演高台跳水行情》,《农机质量与监
督》2016 年第 7 期。

张萌、谢建国:《中国农机产品出口竞争力研究——基于出口技术复
杂度视角》,《经济问题探索》2016 年第 2 期。

张萌、张宗毅:《我国农机产品出口贸易流量及潜力——基于引力模
型的实证分析》,《国际贸易问题》2015 年第 6 期。

张宗毅、杜志雄:《土地流转一定会导致"非粮化"吗?——基于全
国 1740 个种植业家庭农场监测数据的实证分析》,《经济学动态》
2015 年第 9 期。

张宗毅、周曙东、曹光乔、王家忠:《我国中长期农机购置补贴需求
研究》,《农业经济问题》2009 年第 12 期。

郑旭媛、徐志刚:《资源禀赋约束、要素替代与诱致性技术变迁——
以中国粮食生产的机械化为例》,《经济学》(季刊)2017 年第
1 期。

钟真、刘世琦、沈晓晖:《借贷利率、购置补贴与农业机械化率的关
系研究——基于 8 省 54 县调查数据的实证分析》,《中国软科学》
2018 年第 2 期。

周应恒、张蓬、严斌剑:《农机购置补贴政策促进了农机行业的技术
创新吗?》,《农林经济管理学报》2016 年第 5 期。

周振、张琛、彭超、孔祥智:《农业机械化与农民收入:来自农机具
购置补贴政策的证据》,《中国农村经济》2016 年第 2 期。

朱满德、李辛一、程国强:《综合性收入补贴对中国玉米全要素生产
率的影响分析——基于省级面板数据的 DEA-Tobit 两阶段法》,《中
国农村经济》2015 年第 11 期。

赵红梅:《麦客跨区作业,如何走得更远》,《河北日报》2017 年 6 月
6 日第 6 版。

李瞧:《农业部官员就农机补贴问题答记者问》,《拖拉机、农用运输
车、农用发动机行业背景资料》(第十集),2009 年。

宗锦耀：《坚持走中国特色的农业机械化发展道路》，载于中国农业机械学会《走中国特色农业机械化道路——中国农业机械学会2008年学术年会论文集》（上册），中国农业机械学会，2008年。

曹友情：《中国制造业上市公司盈利与盈利持续性研究》，博士学位论文，中南大学，2013年。

高国伟：《中国制造业上市公司资本结构与盈利能力相关性研究》，博士学位论文，厦门大学，2009年。

赖德会：《制造业企业资产结构与盈利能力关联性分析》，博士学位论文，暨南大学，2009年。

刘雨松：《土地细碎化对农户购买农机作业服务的影响分析》，博士学位论文，西南大学，2014年。

彭聪：《我国农业上市公司盈利能力的影响因素研究》，博士学位论文，南京农业大学，2011年。

宋修一：《农户采用农机作业服务的影响因素分析》，南京农业大学，2009年。

姚华超：《上市公司治理结构对盈利能力影响研究》，博士学位论文，西北农林科技大学，2016年。

吉峰农机：《2017年度业绩预告》，东方财富网，http：//data.eastmoney. com/notices/detail/300022/AN201801301084047476，JWU1JTkwJTg5JWU1JWIzJWIwJWU1JTg2JTljJWU2JTljJWJh. html. 2018 - 01 - 30。

新华网：《"三农问题"名词解释》，http：//www. xinhuanet. com/politics/zt20080108/，2008。

一拖股份：《一拖股份2017年年度业绩预减公告》，东方财富网，http：//data. eastmoney. com/notices/detail/601038/AN201801301084059157，JWU0JWI4JTgwJWU2JThiJTk2JWU4JTgyJWExJWU0JWJiJWJk. html. 2018 - 01 - 31。

中国农机工业网：《2016年农机工业的增速低于预期》，http：//www. caamm. org. cn/zfzc/903. htm，2017 - 02 - 05。

中国农机工业网：《2017年4月份农机工业生产情况》，http：//www.

caamm. org. cn/hygz/1141. htm, 2017 – 06 – 09。

Adizes I. *Corporate Lifecycles*, New Jersey: Pren-tickal, 1989.

Baffes, J., and J. Meerman. "From Prices to Incomes: Agricultural Subsidization without Protection?", *The World Bank Research Observer*, Vol. 13, No. 2, 1998.

Chen Ji, Hongdong Guo, Songqing Jin, et al. "Outsourcing Agricultural Production: Evidence from Rice Farmers in Zhejiang Province", *PLoS ONE.*, Vol. 12, No. 1, 2017.

Cole R. Gustafson, Peter J. Barry, Steven T. Sonka. "Machinery Investment Decisions: A Simulated Analysis For Cash Grain Farms", *Western Journal of Agricultural Economics*, Vol. 13, 1988.

Diao Xinshen, Cossar Frances, Houssou Nazaire, et al. "Mechanization in Ghana: Emerging demand, and the search for alternative supply models", *Food Policy*, Vol. 48, No. 1, 2014.

Gustafson, C. R., P. J. Barry, and S. T. Sonka. "Machinery Investment Decisions: A Simulated Analysis for Cash Grain Farms", *Western Journal of Agricultural Economics*, Vol. 13, No. 2, 1988.

Hastie, T. J., and R. J. Tibshirani. "Varying-coefficient Models", *Jour Roy Statist Soc B*, Vol. 55, 1993.

Ji Yueqing, Hu Xuezhi, Zhu Jing, et al. "Demographic change and its impact on farmers' field production decisions", *China Economic Review*, Vol. 43, No. 1, 2017.

Johnson T. G., Brown W. J., O'Grady K., "A Multivariate Analysis of Factors Influencing Farm Machinery Purchase Decisions", *Western Journal of Agricultural Economics*, Vol. 10, No. 2, 1985.

Kamboj Parminder, Khurana Rohinish, Dixit Anoop. "Farm machinery services provided by selected cooperative societies", *Agric Eng Int: CIGR Journal*, Vol. 14, No. 4, 2012.

Modigliani, F., & Miller, M. "Corporate Income Taxes and the Cost of Capital: A Correction", *The American Economic Review*, Vol. 53,

No. 3, 1963.

Mottaleb Khondoker A., Rahut Dil Bahadur, Ali, Akhter, et al. "Enhancing Smallholder Access to Agricultural Machinery Services: Lessons from Bangladesh", *The Journal of Development Studies*, Vol. 53, No. 9, 2017.

Papageorgiou, A. "Agricultural Equipment in Greece: Farm Machinery Management in the Era of Economic Crisis", *Agriculture and Agricultural Science Procedia*, No. 7, 2015.

Schultz, T. W. *Transforming Traditional Agriculture*, New Haven: Yale University Press, 1964.

Tuteja U. "Utilization of Agricultural Input Subsidies by Scheduled Caste Vis-à-vis Non-scheduled Caste Farmers in Haryana", *Indian Journal of Agricultural Economics*, Vol. 59, No. 4, 2004.

Xiaobo Zhang, Jin Yang, Reardon Thomas. "Mechanization outsourcing clusters and division of labor in Chinese agriculture", *China Economic Review*, Vol. 43, No. 4, 2017.

附件一 关于请申报 2004 年农业机械购置补贴项目的通知

【农办财〔2004〕22 号】

有关省、自治区、直辖市农业（农林、农牧）厅（委、局、办），农机局（办、站、中心）：

为贯彻《中共中央国务院关于促进农民增加收入若干政策的意见》（中发〔2004〕1 号），落实国家鼓励农民发展粮食生产的政策措施，促进农民增收，在总结以往项目实施的基础上，2004 年中央财政设立了农业机械购置补贴专项资金。现就项目申报事宜通知如下：

一 项目支出原则和内容

根据优势农产品区域布局规划和发展粮食生产的需要，2004 年农业机械购置补贴项目的实施原则：一是对小麦、水稻、玉米、大豆四种粮食作物田间作业机具购置进行补贴，二是鼓励农民购置配套机具，提高配套比，提高粮食作物的机械化生产能力，三是鼓励使用补贴机具开展社会化服务，进行组织制度创新，提高机具利用率。

2004 年计划在河北、内蒙古、辽宁、吉林、黑龙江、江苏、安徽、江西、山东、河南、湖北、湖南、重庆、四川、陕西、新疆 16 个省（区、市），选择对小麦、水稻、玉米、大豆四大粮食作物增产效果显著的大中型农业机械实行购置补贴，主要包括拖拉机、深松机、免耕精量播种机、水稻插秧机、收获机、秸秆综合利用机械。通过实施项目，良种与良法配套，农机与农艺结合，切实发挥农机装备的优势和作用，稳步提高大宗粮食作物生产机械化水平，调动农民种粮积极性，提高粮食综合生产能力。

二　补贴对象和补贴标准

农业机械购置补贴对象为农民个人和直接从事农业生产的农机服务组织。补贴资金标准不超过机具价格的 30%，补贴额不超过 3 万元。每个项目县重点补贴 2—3 种机具，中央财政投入 50 万元左右。

三　项目申报条件和数量

（一）项目申报条件

申报农业机械购置补贴项目的县（市）应具备以下条件：

1. 符合我部优势农产品区域布局规划，项目实施区耕地相对集中、连片，适宜机械化作业。

2. 良种普及情况较好，农业社会化服务体系健全，农民群众对大中型农业机械需求迫切。

3. 当地政府重视农业机械化发展，制定并实施了具体的扶持政策措施，并具有一定的财力基础。

（二）项目申报数量

请有关省（区、市）根据《2004 年农业机械购置补贴申报规模表》（附件）上的项目实施县数和补贴资金总额申报项目。

四　其他要求

（一）省级农机主管部门具体负责组织项目申报工作。请抓紧组织申报项目，编制本地区的《年度补贴资金使用方案》，于 2004 年 4 月 20 日前以厅（委、局）财（计财）字号文件报农业部财务司（1 份）、农业机械化管理司（2 份）。

（二）《年度补贴资金使用方案》内容包括：项目实施区域概况，项目承担单位基本情况，补贴机具种类和规格，补贴标准，补贴机具数量，补贴资金总额，补贴资金结算方式，项目实施进度安排，项目组织管理与运行等。

联系方式：农业部农业机械化管理司（010 – 64192820，64192862）、财务司（010 – 64192524）。

二〇〇四年三月

附件二　2005 年农业机械购置补贴专项实施方案

【农机发〔2005〕2 号】

为贯彻落实《中华人民共和国农业机械化促进法》和中央"两减免、三补贴"支农惠农政策，做好 2005 年农机购置补贴专项实施工作，进一步发挥财政补贴政策的有效作用，根据《农业机械购置补贴专项资金使用管理暂行办法》（财农〔2005〕11 号）的规定，在总结 2004 年农机购置补贴项目实施经验的基础上，结合 2005 年农业和农业机械化工作实际，制定本实施方案。

一　指导思想

紧紧围绕农业节本增效、农民增产增收中心目标，以提高农业技术装备水平、改善装备结构和增强农业综合生产能力为主线，以推进水稻、大豆、小麦、玉米等主要粮食作物关键环节机械化为重点，充分尊重农民购买农机自主权，引导农机企业参与补贴市场竞争，规范操作程序，最大限度发挥财政补贴政策的拉动效应，进一步调动和保护农民积极性，发展农业机械化，推进农业现代化，促进农业增效、农民增收。

二　主要目标

（一）提高优势农产品集中产区农机装备水平，改善装备结构，进一步增强农业综合生产能力。

（二）加大先进适用农机化技术及机具的推广应用力度，提高主要农作物的关键环节机械化水平。

（三）增强农民购买农业机械能力，扩大农户直接受益范围，促进农民增收。

（四）促进农机工业结构调整和技术进步。

三　基本原则

（一）因地制宜、分类指导、统分结合、务求实效。

（二）突出重点与兼顾特色相结合。

（三）向优势农产品集中产区倾斜、向重点作物关键环节倾斜。

（四）充分尊重农民购机的自主选择权。

（五）操作程序科学、简便、高效。

四　实施范围及规模

根据 2005 年中央财政农机补贴资金的规模，依据《农业机械购置补贴规划（2005—2010 年）》，围绕南方水稻生产机械化和北方旱区机械化的发展重点，按照突出重点与兼顾特色相结合的原则，确定 2005 年专项实施范围及分省、自治区、直辖市、计划单列市和新疆生产建设兵团（以下简称省、区、市）实施控制规模，详见附件一。

省级农机主管部门可在县均 50 万元的基础上，根据耕地面积、粮食产量、农机化综合水平、农民购买能力及地方政府积极性等县域差异，在 20 万元的幅度内予以调整，即每县可安排中央补贴资金 30 万—70 万元不等。湖南、湖北、江西、安徽等省在选定专项实施县时，应适当兼顾血防重疫区县。

五　补贴机具

（一）补贴机具种类

2005 年，中央专项资金用于补贴大中型拖拉机、耕作机械、种植机械、植保机械、收获机械、粮食干燥机械等六大类十八个品种的机具。补贴机具种类如下：

1. 拖拉机类

1.1 25—50 马力拖拉机（25 马力≤功率＜50 马力）

1.2 50—80 马力拖拉机（50 马力≤功率＜80 马力）

1.3 80 马力以上拖拉机（功率≥80 马力）

2. 耕作机械类

2.1 深松机

2.2 深耕犁

2.3 旋耕机（耕整机）

2.4 机引耙

3. 种植机械类

3.1 育秧播种机组

3.2 水稻机动插秧机

3.3 小麦等谷物播种机

3.4 玉米、大豆等中耕作物播种机

重点补贴精量排种、种肥分施、免耕播种和覆膜、补水等复式联合作业机型。

4. 植保机械类

4.1 机载式机动喷（弥）雾机

5. 收获机械类

5.1 全喂入自走式谷物联合收割机

5.2 半喂入自走式联合收割机

5.3 青饲料收获机（含收割、切碎、揉丝、压捆等）

5.4 牧草收获机（含割草、搂集、压捆、打包等）

5.5 秸秆粉碎还田机

6. 粮食干燥机械类

6.1 粮食（种子）烘干机

（二）补贴机具的确定

补贴机型的筛选，应由农机管理部门采用竞争择优筛选的办法，确定补贴产品目录供农民选择。

2005 年度分部、省两级组织开展补贴机具的选型工作。对于目前全国通用性较强的大中型拖拉机、水稻插秧机、自走式全喂入和半喂入联合收割机等 3 类 6 种机具，由农业部引入竞争机制，统一筛选机具型号，制定《2005 年度全国通用类农业机械购置补贴产品目录》（以下简称《通用类机具补贴目录》）。各省、区、市对以上机具不再进行重复选型；

其他类机具由各省级农机管理部门采用竞争机制和程序，统一组织开展省级选型工作，制订《××省 2005 年度其他类农业机械购置补贴产品目录》（以下简称《其他类机具补贴目录》）（样式见附件三），中央财政补贴比例由各省、区、市在本方案规定的补贴率和补贴额以内自行确定。确因当地特殊需求，可以在本年度六大类十八种补贴范围外增加 5 种以内的其他机具列为补贴目录，但只使用地方资金进行补贴。山东、河北两省可将玉米收获机械纳入 2005 年中央补贴范围，开展试点工作，其他省暂不列入。参与筛选的机具必须是已列入《国家支持推广的先进适用的农业机械产品目录》中的产品，该目录未公布前，暂从已通过农机试验鉴定机构鉴定合格的农机产品中择优筛选。

各省、区、市可根据本地实际，对《通用类机具补贴目录》中的补贴种类进行取舍（但不能在某一种类中对各型号的产品进行取舍）后，与本省、区、市制订的《其他类机具补贴目录》，合并编制《××省 2005 年农业机械购置补贴产品目录》（样式见附件四），并在上报农业部农业机械化管理司备案无异议后予以公布执行。

由于购机资金主要是由农民出资，各地制定的目录要有广泛的代表性，保障农民有充分的自主选择权。

六　补贴对象及标准

（一）补贴对象及其确定

补贴对象为纳入实施范围并符合补贴条件的农民（含地方农场职工）和直接从事农业生产的农机服务组织。在申请补贴人数超过计划指标时，补贴对象的优选条件是：农机大户（种粮大户）；配套购置机具（主机和与其匹配的作业机具）；列入农业部科技入户工程中的科技示范户等。申请人员的条件相同或不易认定时，根据申请补贴的先后排序或农民接受的其他方式确定。

（二）补贴率和补贴额

按照《农业机械购置补贴专项资金使用管理暂行办法》（财农〔2005〕11 号）执行，使用中央资金的补贴率不超过机具价格的30%，且单机补贴额原则上不超过 3 万元。一户农民或一个农机服务组织年度内享受补贴的购机数量原则上不超过一套（4 台，即 1 台主机和与其匹配的 3 台作业机具）。

各省、区、市可以根据地方农业及农业机械化发展需要，对省、区、市内重点推广的机型，在使用中央财政补贴资金的基础上，利用地方财政资金给予累加补贴。是否实行累加补贴，累加补贴的补贴率和补贴额度等由地方自行确定。

七 申报和审批程序

（一）各省级农机主管部门根据本方案，提出本年度实施县名单和资金指标分配意见，商省级财政部门制订本省、区、市的《农业机械购置补贴资金使用方案》，由省级财政部门、农机主管部门于 4 月 8 日前联合上报财政部、农业部（各一式三份）。

各省级农机管理部门组织开展其他类机具的选型工作，制订本省、区、市的《其他类机具补贴目录》，并与《通用类农机补贴目录》中的若干种机具合并组成《××省 2005 年农业机械购置补贴产品目录》，上报农业部备案认可，经确认无异议后向社会公布。

（二）农业部、财政部对各省、区、市上报的《农业机械购置补贴资金使用方案》进行审核批复，并由财政部下拨资金。

八 工作要求

（一）密切配合，加强领导。对农民购买农机实行专项补贴，是落实中央扶持"三农"政策的重要内容，体现了党中央"执政为民"的宗旨和"以人为本"的科学发展观，对于进一步调动农民积极性，推进农业机械化，促进农业和农村经济的发展意义重大。各级农机和财政部门要进一步统一思想，提高认识，加强领导；密切配合，齐心协力，精心组织，确保购机补贴专项顺利实施，使农民真正得到实惠，使补贴资金切实发挥作用。

（二）规范程序，严格管理。一要规范管理。严格按照《农业机械购置补贴专项资金使用管理暂行办法》（财农〔2005〕11号）的有关规定，规范操作，严格管理。农业部、财政部将在专项执行过程中，加强监督检查，对因违规操作的地方，将暂停安排中央补贴资金。二要加强对补贴机具的管理；享受补贴购买的农机具，原则上两年内不得擅自转卖或转让。因特殊情况需转让（卖）的，须经县级农机管理部门批准，并报省级农机管理部门备案。三要加强制度建设。建立健全补贴产品目录编制、专项资金使用管理、检查、绩效考评监督等制度。四要搞好专项的信息档案管理。各地要明确专人及时做好项目档案信息的采集、登录、统计分析及报送工作。对不按规定及时上报专项档案信息的地方，将暂停安排专项或调减专项经费数量。五要做好阶段性和全年执行情况总结工作。各省级农机主管部门在每季度的最后一个星期上报本省市农机补贴工作进展情况、成效及好的典型，并于11月底前上报全年的专项执行情况总结报告和电子档案资料。

（三）突出重点，注重实效。对于当地农业发展急需，农民广泛认同的关键机具设备，中央、地方要集中资金，联动补贴，提高整体效能。按照事权划分的原则，各级财政部门要支持本地农机管理部门开展工作，保证必要的工作经费，确保各项补贴工作的顺利开展。

（四）加强宣传，搞好服务。要加强购机补贴的宣传工作，特别是要做好专项实施区农民的宣传引导，让农民了解农机购置补贴政策、程序和补贴机具。要搞好咨询服务，做好购机手续、补贴目录的相关信息等咨询解答工作。要协调农机企业，搞好供货衔接，充分发挥企业自身技术、网络优势，做好售后服务工作。要安排专门机构受理农民的投诉，对农民投诉多的机具及其生产企业，应取消补贴资格。

附件三 关于下达 2006 年农业机械购置补贴专项实施方案的通知

【农办财〔2006〕10 号】

各省（自治区、直辖市、计划单列市）农机管理局（办公室、中心）、财政厅（局），新疆生产建设兵团农机局、财务局：

为贯彻落实《中华人民共和国农业机械化促进法》和中央"两减免、三补贴"支农惠农政策，做好 2006 年农机购置补贴专项实施工作，进一步发挥财政补贴政策的有效作用，根据《农业机械购置补贴专项资金使用管理暂行办法》（财农〔2005〕11 号）（以下简称《管理办法》）的规定，在总结 2005 年农机购置补贴项目实施经验的基础上，结合 2006 年农业和农业机械化工作实际，制定本实施方案。

一 指导思想

按照建设社会主义新农村的要求，紧紧围绕农业节本增效、农民增产增收中心目标，以提高农业技术装备水平、改善装备结构和增强农业综合生产能力为主线，以提高重要农时、重点作物、关键生产环节和粮食主产区的机械化作业水平为重点，充分尊重农民购买农机自主权，引导农机企业参与补贴市场竞争，规范操作程序，最大限度地发挥财政补贴政策的拉动效应，进一步调动和保护农民积极性，发展农业机械化，建设现代农业，推进农业现代化，促进农业增效、农民增收。

二 主要目标

（一）提高优势农产品集中产区农机装备水平，改善装备结构，进一步增强农业综合生产能力。

（二）加大先进适用农机化技术及机具的推广应用力度，提高主要农作物的关键环节机械化水平，推进农业节本增效。

（三）增强农民购买农业机械能力，扩大农户直接受益范围，促进农民增收。

（四）促进农机工业结构调整和技术进步。

三 基本原则

（一）因地制宜、分类指导、统分结合、务求实效。

（二）突出重点与兼顾特色相结合。

（三）向优势农产品集中产区倾斜、向重点作物关键环节倾斜。

（四）充分尊重农民购机的自主选择权。

（五）操作程序科学、简便、高效。

四 实施范围及规模

根据 2006 年中央财政农机补贴资金的规模，依据《农业机械购置补贴规划（2005—2010 年)》，围绕发展南方水稻生产机械化和扩大北方保护性耕作实施面积，按照突出重点与兼顾特色相结合的原则，确定 2006 年专项实施范围及分省、自治区、直辖市、计划单列市和新疆生产建设兵团（以下简称省、区、市）实施资金控制规模，详见附件 1。

省、区、市农机主管部门可在县均 50 万元的基础上，根据耕地面积、粮食产量、农机化综合水平、农民购买能力及地方政府积极性等县域差异，在 20 万元的幅度内予以调整，即每县可安排中央补贴资金 30 万—70 万元不等。对耕地面积在 300 万亩以上的农业大县，可适当扩大补贴投入，每县可安排补贴资金 100 万元。血防重疫区省份在选定专项实施县时，应适当兼顾血防重疫区县（市）。

五 补贴机具

（一）补贴机具种类

2006 年，中央专项资金用于补贴大中型拖拉机、耕作机械、种植机械、植保机械、收获机械、粮食干燥机械等 6 大类 19 个品种的机具。补贴机具种类如下：

1. 大中型拖拉机类

1.1 25—40 马力拖拉机（25 马力≤功率 <40 马力）

1.2 40—80 马力拖拉机（40 马力≤功率 <80 马力）

1.3 80 马力以上拖拉机（功率≥80 马力）

2. 耕作机械类

2.1 深松机

2.2 深耕犁

2.3 旋耕机（耕整机）

2.4 机引耙

3. 种植机械类

3.1 育秧播种机组

3.2 水稻机动插秧机

3.3 小麦播种机

3.4 玉米、大豆等播种机

重点补贴精量播种、种肥分施、免耕播种和覆膜、补水等机型及复式联合作业机械。

4. 植保机械类

4.1 机动喷（弥）雾机

5. 收获机械类

5.1 全喂入轮式谷物联合收割机

5.2 全喂入履带式谷物联合收割机

5.3 半喂入联合收割机

5.4 青饲料收获机（含收割、切碎、揉丝、压捆等）

5.5 牧草收获机（含割草、搂集、压捆、打包等）

5.6　秸秆粉碎还田机

6. 粮食干燥机械类

6.1　粮食（种子）烘干机

（二）补贴机具的确定

补贴机型的筛选，应由农机管理部门采用竞争择优筛选的办法，确定补贴产品目录供农民选择。

2006 年度继续分部、省两级组织开展补贴机具的选型工作。对于目前全国通用性较强的大中型拖拉机、水稻插秧机、自走式全喂入和半喂入联合收割机、旋耕机等 4 类中的 9 种机具，由农业部引入竞争机制，统一筛选机具型号，制定《2006 年度全国通用类农业机械购置补贴产品目录》（以下简称《通用类机具补贴目录》）（样式见附件 2）。各省、区、市对以上机具不再进行重复选型。

其他类机具由各省、区、市农机管理部门采用竞争机制和程序，统一组织开展省级选型工作，制订《××省、区、市 2006 年度其他类农业机械购置补贴产品目录》（以下简称《其他类机具补贴目录》）（样式见附件 3），中央财政补贴比例由各省、区、市在本方案规定的补贴率和补贴额以内自行确定，同品种、同基本配置要求的不同生产厂家的机具，实行统一定额补贴。确因当地特殊需求，可以在本年度 6 大类 19 种补贴范围外增加 5 种以内的其他机具列入补贴目录，但只使用地方资金进行补贴。山东、河北两省可将玉米收获机械，内蒙古、甘肃、贵州三省可将薯类种植和收获机械分别纳入 2006 年中央补贴范围，开展试点工作，其他省暂不列入。2006 年参与部级选型的机具必须是已申报《国家支持推广的先进适用的农业机械产品目录》的产品，参与省级其他类选型的机具必须是获得省级或部级农机试验鉴定证书的产品。今后，凡参与部级选型的机具必须是已列入《国家支持推广的先进适用的农业机械产品目录》的产品，参与省级其他类选型的机具必须是已列入《国家支持推广的先进适用的农业机械产品目录》或省、区、市支持推广的农业机械产品目录的产品。

各省、区、市可根据本地实际，对《通用类机具补贴目录》中的补贴种类进行取舍（但不能在某一种类中对各型号的产品进行取舍）

后，与本省、区、市制订的《其他类机具补贴目录》，合并编制《××省、区、市2006年农业机械购置补贴产品目录》（样式见附件4），并在上报农业部农业机械化管理司备案认可后由各省、区、市予以公布执行。

由于购机资金主要是由农民出资，各地制定的目录要有广泛的代表性，保障农民有充分的自主选择权。

六 补贴对象及标准

（一）补贴对象及其确定

补贴对象为纳入实施范围并符合补贴条件的农民（含地方农场职工）和直接从事农业生产的农机服务组织。在申请补贴人数超过计划指标时，补贴对象的优选条件是：农机大户（种粮大户）；配套购置机具的（购置主机和与其匹配的作业机具）；列入农业部科技入户工程中的科技示范户；农机作业服务组织等。申请人员的条件相同或不易认定时，根据申请补贴的先后排序或农民接受的其他方式确定。

（二）补贴率和补贴额

按照《管理办法》规定，使用中央资金的补贴率不超过机具价格的30%，且单机补贴额不超过3万元。一户农民或一个农机服务组织年度内享受补贴的购机数量原则上不超过一套（4台，即1台主机和与其匹配的3台作业机具）。

各省、区、市可以根据地方农业及农业机械化发展需要，对省、区、市内重点推广的机型，在使用中央财政补贴资金的基础上，利用地方财政资金给予适当累加补贴。是否实行累加补贴，累加补贴的补贴率和补贴额度等由地方自行确定。

七 申报和审批程序

各省、区、市农机主管部门根据本方案，提出本年度实施县名单和资金指标分配意见，商同级财政部门制订本省、区、市的《农业机械购置补贴资金使用方案》，由省、区、市财政部门、农机主管部门于3月20日前联合上报财政部、农业部（各一式三份）。

八　工作要求

（一）加强领导，密切配合。对农民购买农机实行专项补贴，是落实中央扶持"三农"政策的重要内容，体现了党中央"执政为民"的宗旨和"以人为本"的科学发展观，对于进一步调动农民积极性，推进农业机械化，促进农业和农村经济的发展意义重大。各级农机和财政部门要进一步统一思想，提高认识，加强领导，密切配合，齐心协力，精心组织，确保购机补贴专项顺利实施，使农民真正得到实惠，使补贴资金切实发挥作用。

（二）规范程序，严格管理。一要规范管理。严格按照《管理办法》的有关规定，规范操作，严格管理。农业部、财政部将在补贴专项执行过程中，加强监督检查，对违规操作的地方，将暂停安排中央补贴资金。二要加强对补贴机具的管理。享受补贴购买的农机具，两年内不得擅自转卖或转让。因特殊情况需转让的，须经县级农机管理部门批准，并报省、区、市农机管理部门备案。三要加强制度建设。建立健全补贴产品目录编制、专项资金使用管理、检查、绩效考评监督等制度。四要搞好补贴专项的信息档案管理。各地要明确专人及时做好项目档案信息的采集、登录、统计分析及报送工作。对不按规定及时上报补贴专项档案信息的地方，将暂停安排或调减补贴专项资金数量。五要做好阶段性和全年执行情况的总结工作。各省、区、市农机主管部门在每季度的最后一个星期上报本省、区、市农机补贴工作进展情况、成效及好的典型，并于 11 月底前上报全年的补贴专项（包括地方财政安排的补贴）执行情况总结报告和电子档案资料。

（三）突出重点，注重实效。对于当地农业发展急需，农民广泛认同的关键机具设备，中央、地方要集中资金，联动补贴，提高整体效能。按照事权与财权划分的原则，地方各级财政部门要支持本地农机管理部门开展工作，保证必要的工作经费，确保各项补贴工作的顺利开展。

（四）加强宣传，搞好服务。要充分利用各大新闻媒体，加强购机补贴的宣传工作，特别是要做好专项实施区农民的宣传引导，让农民了解农机购置补贴政策、程序和补贴机具。要搞好咨询服务，做好购机手续、补贴目录的相关信息等咨询解答工作。充分尊重农民选择权，不得强行向购机农民推荐产品。根据补贴工作进度要求，农、财两部门积极配合，与农机生产企业联系，分期分批分次及时做好补贴资金的结算工作，以减轻农机生产企业压力。要协调农机企业，搞好供货衔接，充分发挥企业自身技术、网络优势，做好售后服务工作。要安排专门机构受理农民的投诉，对农民投诉多的机具及其生产企业，应按管理权限取消补贴资格。

附件：1.《2006年农业机械购置补贴专项资金分省、区、市控制规模表》

2.《2006年全国通用类农业机械补贴产品目录》（样式）

3.《××省、区、市2006年其他类农业机械购置补贴产品目录》（样式）

4.《××省、区、市2006年农业机械补贴产品目录》（样式）。

二〇〇六年三月二日

附件四 农业部办公厅关于进一步做好 2007 年农业机械购置补贴工作的通知

【农办机（2007）24 号】

各省、自治区、直辖市、计划单列市及新疆生产建设兵团农机管理局（办公室）：

今年以来，各地按照《农业部办公厅、财政部办公厅关于申报 2007 年农业机械购置补贴项目实施方案及补贴资金的通知》要求，精心组织，加快实施，项目进展顺利，取得了良好成效。但在实施过程中，部分地区也存在不够规范的行为和做法。为了确保农机购置补贴政策的落实，根据当前反映的一些问题，现就下一步农机购置补贴专项实施工作提出以下要求：

一　及时做好补贴资金的结算工作

各级农机部门要在认真做好补贴机具的统计、汇总及核实等工作的基础上，按照《农业机械购置补贴专项资金使用管理暂行办法》（财农〔2005〕11 号）要求，积极协调有关部门分期分批做好补贴资金的结算工作，确保补贴资金及时到位。今年尚未办理结算的省份，要抓紧开展相关工作，务必于 7 月底以前结算一批，以缓解企业周转资金占压严重的问题，保证补贴机具的正常供应，加快专项实施进度。

二　坚决杜绝各种不正当收费行为

一是各级农机部门不得以任何形式收取企业的好处费，参与经销补贴机具的农机鉴定、推广等部门，不得向企业收取正常经销费以外的费用。二是各地举办的各类展示、展销活动要尽量压缩，不得以购机补贴的名义强迫选型中选的企业及产品参加此类活动。三是各级农机部门不得以任何形式向享受补贴的农民收取报名费、指标费等费用，也不得巧立名目收取非国家规定的各种规费。

三　严格按照有关规定和程序操作

去年我部下发了《关于进一步加强 2006 年农业机械购置补贴管理工作的紧急通知》（农办机〔2006〕8 号），各地要继续严格执行。一是严格落实"五制"，特别是要做好受益对象公示、组织农民差价购机等环节工作，严格禁止让农民先行全价购机，后分批兑现补贴款的做法。二是县级农机行政主管部门要严格按照规定的 10 个工作步骤操作，履行好各项职责任务。三是加强对补贴机具价格的监管，确保享受补贴的农民购机价不高于本区域内该产品的同期市场销售价。四是要严厉查处暗箱操作、虚报冒领补贴资金、转手倒卖补贴机具等违法违规行为。

四　加强专项实施过程的检查指导

最近，财政部和农业部分别下发了《财政部关于开展财政支农资金管理年活动的通知》（财农〔2007〕50 号）和《农业部办公厅关于开展农业财政专项资金检查工作的通知》（农办财〔2007〕70 号），各级农机管理部门要据此进一步加大专项实施过程的监管力度。一是要认真组织对近年来的农机补贴实施情况进行自查和抽查，按时向我部报送自查和抽查总结报告。我部将于 7 月下旬至 8 月下旬选取部分省进行重点核查。二是省级农机管理部门要于近期派出相关人员到专项实施市、县进行督导检查，及时发现和解决操作中存在的问题，指导各地开展补贴工作。三是对于农民、企业或相关部门反映的补贴机具的质量、售后服务及补贴操作方法等问题，各级农机部门要给予高度重视，积极协调解决，要做到发现一起，认真调查处理一起。

以上要求，请各省农机部门要及时转发各实施县严格遵照执行。

农业部办公厅

二〇〇七年六月二十九日

附件五 2009年农业机械购置补贴实施方案

【农财发〔2008〕190号】

一 指导思想

认真贯彻党的十七届三中全会和中央经济工作会议精神，深入贯彻落实科学发展观，按照统筹城乡发展，推进社会主义新农村建设的总体要求，紧紧围绕农业发展、农村繁荣和农民增收目标，以改善农业装备结构、提高农机化水平、增强农业综合生产能力、发展现代农业、拉动农机工业和服务业发展为主要任务，继续以推进主要粮食作物关键环节和生鲜乳收购站机械化为重点，兼顾油料作物、经济作物、畜牧业、渔业、林果业、设施农业以及血防疫区农机化发展，突出先进适用、安全可靠、节能环保机具的推广应用，充分尊重农民购买农机自主权，规范操作程序，引导农机企业加强研发生产适销对路农机产品，提高产品质量，最大限度地发挥财政补贴政策的引导效应，进一步调动农民购买和使用农机具的积极性，扩大农村消费，拉动国内需求，发展农业机械化，推进农业现代化，促进中国经济社会平稳较快地发展。

二 主要目标

（一）改善农业装备结构。提高优势农产品集中产区农机装备水平，增强农业综合生产能力，建设资源节约型和环境友好型农业。

（二）加大农机化技术推广应用力度。提高主要农作物和养殖关键环节机械化水平，促进丘陵山区、牧区机械化和旱作节水农业发展。

（三）增强农民购买农业机械能力。扩大农户直接受益范围，促进农民增收。

（四）促进农机工业结构调整和技术进步。

（五）提高生鲜乳收购站机械装备水平。

（六）实施"以机代牛"，提高血防区的农业机械化水平。

三　基本原则

（一）因地制宜、分类指导、统分结合、务求实效。

（二）突出重点，兼顾区域特色。向优势粮棉油主产区倾斜、向奶牛主产省倾斜、向重点作物、养殖关键环节倾斜、向农民专业合作服务组织倾斜。

（三）促进农机产品质量提高，推广先进适用、安全可靠、节能环保的农业机械。

（四）充分尊重农民购机的自主选择权。

（五）加强引导，合理布局。坚持农机结构优化，合理布局，机具配套以及提高组织化农机程度。

（六）操作程序科学、简便、高效。

四　实施范围及规模

为使补贴政策惠及更多农民，农业机械购置补贴覆盖全国所有农牧业县。依据《农业机械购置补贴规划（2005—2010 年）》和各地生鲜乳收购站建设规划，重点发展南方水稻、油菜生产机械化，推进北方保护性耕作和玉米生产机械化，促进奶业生产机械化、血防疫区"以机代牛"工程实施及汶川地震灾区农业生产能力恢复，按照突出重点与兼顾特色相结合的原则，确定分省、自治区、直辖市、计划单列市和新疆生产建设兵团［以下简称"各省（区、市）和兵团"］资金控制规模。

各省（区、市）和兵团农机主管部门与同级财政部门在综合考虑耕地面积、粮食产量、养殖业发展情况、农机化发展条件等县域差别的基础上，结合往年项目的实施和农民需求摸底调查情况，科学、合理地确定本省（区、市）和兵团年度项目实施县（场）数量及其投入规模。补贴资金应向粮棉油种植大县、养殖大县、血吸虫病防疫区县、汶川地震重灾区县、保护性耕作示范县、全国 100 个农机化示范区县适当倾斜。

北京、天津、河北、山西、内蒙古、辽宁、黑龙江、上海、山东、河南、陕西、宁夏、新疆等 13 个奶牛主产省在分配农机补贴资金时，要充分考虑可能出现的奶农卖奶难和倒奶等问题，结合实现全部生鲜乳收购站机械化挤奶的建设需要，切实提高生鲜乳收购站机械装备水平。生鲜乳收购站补贴资金规模、补贴县（场）名单和资金分配额度由省级畜牧部门、农机部门与财政部门协商确定，纳入本省（区、市）年度补贴资金使用方案。生鲜乳收购站购买补贴机具时，须通过乡镇畜牧管理机构向县级畜牧主管部门提出申请，县级畜牧主管部门根据优先补贴条件进行审查，确定购机者名单和数量，会同县级农机主管部门张榜公示，与购机者签订购机补贴协议，并报省级农机主管部门和畜牧主管部门备案。

省属管理体制的上海、江苏、安徽、陕西、甘肃、宁夏、江西、广西、海南、云南、湖北等 11 个省（区、市）地方垦区农场和海拉尔、大兴安岭垦区农场补贴资金按照附表 1 的规模予以安排。具体的补贴农场名单和资金分配额度由省级农机主管部门、农垦主管部门与财政部门协商确定，纳入本省（区、市）年度补贴资金使用方案。省级农机主管部门要加强对补贴农场的指导和帮助，强化人员培训，按照《农业机械购置补贴专项资金使用管理暂行办法》和年度实施方案，规范操作，统一管理。其他地方垦区（市）县属农场的农业机械购置补贴纳入所在县农业机械购置补贴范围，农场职工与本县其他农民享有同等申请补贴的权利。

五　补贴机具

（一）补贴机具种类

耕整地机械、种植施肥机械、田间管理机械、收获机械、收获后处理机械、农产品初加工机械、排灌机械、畜牧水产养殖机械、动力机械、农田基本建设机械、设施农业设备和其他机械等12大类38个小类的机具。

（二）补贴机具的确定

补贴机具由农机管理部门采用竞争择优筛选的办法选型确定，通过制定并公布年度补贴产品目录供农民选择。

分部、省两级组织开展补贴机具的选型工作。对于目前全国通用性较强的拖拉机类（8—15马力手扶拖拉机、25马力及以上轮式拖拉机、履带式拖拉机）、谷物收获机械类（全喂入自走履带式、半喂入联合收割机）、饲料作物收获机械类（青饲料收获机）、栽植机械类（水稻插秧机）、耕地机械（旋耕机）、植保机械类（机动喷雾喷粉机、动力喷雾机、喷杆式喷雾机）、畜产品采集加工机械设备类（挤奶机、储运奶罐）等6大类7个小类13个品目农业机械，由农业部引入竞争机制，组织专家统一筛选机具型号，制定《全国通用类农业机械购置补贴产品目录》。

中央补贴范围内的其他非通用类机具由各省（区、市）和兵团农机管理部门采用竞争机制和程序，统一组织开展省级选型工作，制订《省级非通用类农业机械购置补贴产品目录》（以下简称《非通用类机具补贴目录》）。同品种、同基本配置的不同生产厂家的机具，实行统一定额补贴。各地可以在全国补贴的12大类38个小类128个品目外，在12大类范围内自行增加不超过10个品目的其他机具列入《非通用类机具补贴目录》，可使用中央资金进行补贴。用于这10个品目的中央补贴资金不能超过年度下达资金总额的15%。

参与部级选型的机具必须是已列入《2009—2011年国家支持推广的先进适用的农业机械产品目录》的产品；参与省级非通用类选型的机具必须是已列入《2009—2011年国家支持推广的先进适用的农业机械产品目录》或省（区、市）支持推广的农业机械产品目录的产品。

各省（区、市）和兵团可根据本地实际，对《通用类机具补贴目录》中的补贴种类进行取舍（但不能在某一品目中仅对某些型号的产品进行取舍）后，与本省和兵团制订的《非通用类机具补贴目录》，合并编制《××省（自治区、直辖市、兵团）农业机械购置补贴产品目录》，并在上报农业部农业机械化管理司备案认可后由各省（区、市）和兵团予以公布执行。

六　补贴对象及标准

（一）补贴对象及其确定

补贴对象为纳入实施范围并符合补贴条件的农牧渔民（含农场职工）、直接从事农机作业的农业生产经营组织，以及取得当地工商登记的奶农专业合作社、奶畜养殖场所办生鲜乳收购站和乳品生产企业参股经营的生鲜乳收购站。

在申请补贴人数超过计划指标时，补贴对象的优选条件是：农机大户、种粮大户；农民专业合作组织（包括农机专业化组织）；乳品生产企业参股经营的生鲜乳收购站、奶农专业合作社、奶畜养殖场所办生鲜乳收购站；配套购置机具的（购置主机和与其匹配的作业机具）；列入农业部科技入户工程中的科技示范户；"平安农机"示范户。申请人员的条件相同或不易认定时，在优先安排没有享受过补贴的农民的基础上，根据申请补贴的先后排序或农民接受的其他方式确定。

（二）补贴率和补贴数量

全国总体上继续执行30%的补贴比例。血防疫区继续执行"以机代牛"50%的补贴政策，汶川地震重灾区县补贴比例提高到50%。

单机补贴额最高不超过5万元的标准，并根据实际需要，将100马力以上大型拖拉机、高性能青饲料收获机、大型免耕播种机、挤奶机械补贴限额提高到12万元。

各省（区、市）和兵团可以根据地方农业及农业机械化发展需要，对本地重点推广的机具品种，在使用中央财政补贴资金的基础上，利用地方财政资金给予适当累加补贴。是否实行累加补贴，累加补贴的补贴率和补贴额度等由地方自行确定。但必须对目录内所有同一类别的产品实行统一的补贴政策，不允许对省内外企业生产的同类产品实行差别对待。

　　一户农民年度内享受补贴的购机数量原则上不超过一套（4 台，即 1 台主机和与其匹配的 3 台作业机具）；直接从事植保工作的植保作业服务队年度内享受补贴购置植保机械的数量原则上不超过 10 台套。一个生鲜乳收购站年度内享受补贴的购机数量不超过 1 套［3 台，即 1 台挤奶机、1 个储奶（冷藏）罐、1 个运输奶罐］。一户农民（渔民）年度内补贴购置增氧机、投饵机、清淤机的数量分别不超过 6 台、6 台和 1 台。

七　经销商的确定问题

　　合理确定补贴机具的经销商是落实好农业机械购置补贴政策的重要环节。补贴机具经销商由农机生产企业自主提出在省（区、市）和兵团范围内的经销商建议名单，报经省级农机主管部门统一发布实施。

八　申报程序

　　各省（区、市）和兵团农机主管部门与同级财政部门根据本方案，提出本年度实施县名单和资金指标分配意见，并制订本省（区、市）和兵团的《2009 年农业机械购置补贴资金使用方案》，由各省（区、市）和兵团财政部门、农机主管部门于 2009 年 1 月 20 日前联合上报财政部、农业部（各一式二份）备案。

九　工作要求

　　（一）加强领导，密切配合。对农民购买农机实行专项补贴，是落实中央扶持“三农”政策的重要内容，是落实科学发展观的具体体现，是拉动内需、保持经济平稳增长的有效措施，对于进一步调动农民积极性，推进农业机械化，促进农业和农村经济的发展意义重大。各地要尽快启动补贴工作，确保春耕生产前机具能够到位。各级农机、财政、畜牧部门应进一步统一思想，提高认识，加强领导，密切配合，齐心协力，精心组织，确保农业机械购置补贴顺利实施。农机主管部门要与种植业、畜牧、水产、农垦等部门搞好沟通协调，在确保重点的同时，兼顾新增补贴机具及植保等相关环节机械化的发展，使补贴资金切实发挥有效作用。

（二）严格管理，加强监督。一要按照《农业机械购置补贴专项资金使用管理办法》的有关规定，规范操作。补贴资金全部用于购买中国境内生产的农机产品，重点支持产品质量好、技术水平高和售后服务到位的优势农机企业，扶优扶强。严禁地方保护主义，不得采取不合理政策保护本地区落后生产能力，严禁借扩大农业机械购置补贴之机乱涨价，严禁强行向购机农民推荐产品。财政部、农业部将对实施情况进行检查，对违规操作的地方，将暂停安排中央补贴资金。各省（区、市）和兵团也要加强对各市、县、团场的指导和监督，确保政策落实。二要加强对补贴机具的管理。享受补贴购买的农机具，两年内不得擅自转卖或转让。因特殊情况需转让的，须经县级农机管理部门批准，并报各省（区、市）和兵团农机管理部门备案。

（三）落实职责，确保成效。各级农机、财政部门要认真履行组织、协调、服务、监管等职能，建立和落实工作责任制，精心组织开展调查摸底、机具选型、方案制定、动员部署、培训指导、档案管理等工作，确保补贴政策实施成效，切实让农民得到实惠。要加强补贴专项的信息档案工作，及时做好项目档案信息的采集录入、统计分析。

为保证农业机械补贴政策顺利实施，各级财政部门要逐级统筹安排所需工作经费，主要用于政策宣传、信息档案建立等管理支出。严禁挤占挪用中央财政下拨的补贴资金用于工作经费。

各省要将汇总后的电子信息档案资料于 12 月 20 日前报农业部农机化技术开发推广总站。要做好半年和全年专项执行情况的总结。各省和兵团农机主管部门应在 6 月 20 日和 11 月 30 日前，分别报送半年和全年的补贴专项（包括地方财政安排的补贴）执行情况总结报告及电子文档。

（四）加强宣传，搞好服务。各地农业机械购置补贴资金使用方案和补贴目录要向社会公布，充分利用各大新闻媒体，加强农业机械购置补贴的宣传工作，特别是要做好专项实施区农民的宣传引导，让农民了解农业机械购置补贴政策、程序和补贴机具。要搞好咨询服务，做好购机手续、补贴目录的相关信息等咨询解答工作。要高度重视与企业的资金结算工作，及时结算补贴资金，保证做到每季度（3月底、6月底、9月底、12月底之前）结算一次，减轻农机生产企业资金周转压力。结算进度要按季度报农业部农机化管理司。要协调农机企业做好补贴机具的供货工作，督促企业做好售后服务工作。要加强补贴机具的质量监督，了解补贴机具的质量状况、企业承诺落实情况和农民的反映，安排专门机构受理农民的投诉，对存在质量问题、农民投诉多的机具及其生产企业，应按管理权限及时取消补贴资格，保护农民的权益。

二○○八年十二月二十六日

附件六　2010 年农业机械购置补贴实施指导意见

【农办财〔2010〕28 号】

一　指导思想

认真贯彻党的十七届三中、四中全会和中央经济工作会议、中央农村工作会议精神，深入贯彻落实科学发展观，按照统筹城乡发展，推进社会主义新农村建设的总体要求，紧紧围绕农业发展、农村繁荣和农民增收目标，以提高农机装备总量、改善装备结构、提高农机化水平、增强农业综合生产能力、发展现代农业、拉动农机工业和服务业发展为主要任务，继续以推进主要农作物关键环节机械化为重点，兼顾畜牧业、渔业、林果业、设施农业、农产品加工业发展；突出先进适用、技术成熟、安全可靠、节能环保、服务到位的机具推广应用；完善补贴管理办法，规范操作程序，充分发挥市场机制作用，尊重农民购买农机自主权，引导农机企业加强研发生产适销对路农机产品，提高产品质量；最大限度地发挥财政补贴政策的引导效应，进一步调动农民购买和使用农机具的积极性，扩大农村消费，拉动国内需求，促进中国经济社会平稳较快地发展。

二　主要目标

（一）调动农民购买农业机械的积极性，提高农民购买农业机械能力，扩大农户直接受益范围，促进农民增收。

（二）促进农机装备总量增加和结构优化，提高优势农产品集中产区农机装备水平，提高农业综合生产能力，建设资源节约型环境友好型农业。

（三）加大先进适用农机化技术推广应用力度，提高主要农作物和养殖关键环节机械化水平，促进丘陵山区、牧区机械化和旱作节水农业发展。

（四）促进农机工业结构调整和技术进步。

（五）实施"以机代牛"，提高血防疫区的农业机械化水平。

三 基本原则

（一）因地制宜、分类指导、统分结合、务求实效。

（二）突出重点，兼顾区域特色，向优势粮棉油主产区倾斜、向奶牛主产省倾斜、向重点作物、养殖关键环节倾斜、向农民专业合作服务组织倾斜。

（三）促进农机产品质量提高，推广先进适用、安全可靠、节能环保的农业机械。

（四）充分尊重农民购机的自主选择权。

（五）加强引导，合理布局，优化结构，提高农机组织化程度。

（六）操作程序科学、简便、高效。

四 实施范围及规模

为使补贴政策惠及更多农民，农业机械购置补贴覆盖全国所有农牧业县（场）。综合考虑各地耕地面积、主要农产品产量、主要农作物播种面积、重点作物关键环节机械化推进、农作物病虫害专业化防统治、装备结构和区域布局调整需要，以及血防疫区"以机代牛"工程实施、汶川地震灾区农业生产能力恢复要求，结合农机购置补贴工作开展情况，确定分省（区、市、兵团、农垦）资金控制规模。为了支持春耕备耕，财政部已拨付了2010年第一批补贴资金，具体安排情况详见附件一（略）。

各省（区、市、兵团、农垦）农机化主管部门与同级财政部门按照安排的规模科学合理地确定本辖区内项目实施县（场）投入规模。补贴资金应向粮棉油作物种植大县、全国100个农作物病虫害专业化防治创建县和 1000 个专业化防治示范县、养殖大县、血吸虫病防疫区县、汶川地震重灾区县、保护性耕作示范县、全国 100 个农机化示范区县适当倾斜。

省属管理体制的上海、江苏、安徽、陕西、甘肃、宁夏、江西、广西、海南、云南、湖北等 11 个省（区、市）地方垦区农场和海拉尔、大兴安岭垦区农场补贴资金按照附件一确定的规模予以安排。具体的补贴农场名单和资金分配额度由省级农机化主管部门、农垦主管部门与财政部门协商确定，纳入本省（区、市）补贴资金使用方案。省级农机化主管部门要加强对农场农机购置补贴工作的指导，按照《农业机械购置补贴专项资金使用管理暂行办法》和实施方案、规范操作，统一管理。其他地方垦区的市、县属农场的农业机械购置补贴纳入所在县农业机械购置补贴范围，农场职工与本县其他农民享有同等申请补贴的权利。

五　补贴机具及补贴标准

（一）补贴机具种类

耕整地机械、种植施肥机械、田间管理机械、收获机械、收获后处理机械、农产品初加工机械、排灌机械、畜牧水产养殖机械、动力机械、农田基本建设机械、设施农业设备和其他机械等 12 大类 45 个小类 180 个品目机具，详见附件二（略）。

除 12 大类 45 个小类 180 个品目外，各地可以在 12 大类内自行增加不超过 20 个品目的其他机具列入中央资金补贴范围。背负式小麦联合收割机、皮带传动轮式拖拉机、运输机械、农用航空器、内燃机、燃油发电机组、风力设备、水力设备、太阳能设备、包装机械、牵引机械、设施农业的基建部分不列入中央资金补贴范围。

（二）补贴机具确定

农业部根据全国农业发展需要和国家产业政策确定补贴机具种类范围；各省（区、市）结合本地实际情况，确定具体补贴机具范围。各农机生产企业根据各省（区、市）确定的补贴机具范围，提出补贴产品机型，省级农机化主管部门汇总并进行分类分档，确定具体补贴额，形成补贴产品目录向社会发布并报农业部备案。补贴机具应是先进适用、技术成熟、安全可靠、节能环保、服务到位的列入国家或省级支持推广目录的产品。

（三）补贴标准

全国总体上继续执行不超过30%的补贴比例。汶川地震重灾区县、重点血防疫区补贴比例可提高到50%。

单机补贴额原则上最高不超过5万元。100马力以上大型拖拉机、高性能青饲料收获机、大型免耕播种机、挤奶机械、大型联合收割机、水稻大型浸种催芽程控设备、烘干机单机补贴限额可提高到12万元；大型棉花采摘机、甘蔗收获机、200马力以上拖拉机单机补贴额可提高到20万元。在此基础上，各地可根据本地实际需要，利用地方财政资金对当地农业生产急需和薄弱环节的机具给予累加补贴。

同一种类、同一档次的产品在全省实行统一的定额补贴标准。不允许对省内外企业生产的同类产品实行差别对待。

六　补贴对象

补贴对象为纳入实施范围并符合补贴条件的农牧渔民、农场（林场）职工、直接从事农机作业的农业生产经营组织、取得当地工商登记的奶农专业合作社、奶畜养殖场所办生鲜乳收购站和乳品生产企业参股经营的生鲜乳收购站。

在申请补贴人数超过计划指标时，补贴对象的优选条件是：农民专业合作组织；农机大户、种粮大户；乳品生产企业参股经营的生鲜乳收购站、奶农专业合作社、奶畜养殖场所办生鲜乳收购站；列入农业部科技入户工程中的科技示范户；"平安农机"示范户。同时，对报废更新农业机械、购置主机并同时购置配套农具的要优先补贴。申请人员的条件相同或不易认定时，按照公平公正公开的原则，采取农民易于接受的方式确定。

七　经销商的确定

补贴机具经销商应具备资质条件并由农机生产企业自主提出，报省级农机主管部门统一公布,供农民自主选择。农机化主管部门和生产企业应加强对补贴产品经销商的监督管理。农民可以在省域内跨县自主购机。

八　申报程序

各省(区、市、兵团、农垦)农机主管部门与同级财政部门根据本指导意见,提出实施县名单和资金指标分配意见,并制订本省(区、市、兵团、农垦)补贴资金使用方案,于 2010 年 3 月 31 日前联合上报财政部、农业部(各一式二份)备案。

单独列示用于支持农作物病虫害专业化统防统治的补贴资金使用期限截至 6 月 30 日。

九　工作要求

(一)加强领导,密切配合。对农民购买农机实行专项补贴,是落实中央扶持"三农"政策的重要内容,是落实科学发展观的具体体现,是拉动内需、保持经济平稳增长的有效措施,对于进一步调动农民积极性,推进农业机械化,促进农业和农村经济的发展意义重大。各地要尽快启动补贴工作,确保春耕生产前机具能够到位。各级农机化主管部门、财政部门应进一步统一思想,提高认识,加强领导,密切配合,齐心协力,精心组织,要建立和落实工作责任制,明确责任任务,认真做好调查摸底、方案制定、动员部署、培训指导等工作,确保农业机械购置补贴顺利实施。农机化主管部门要与当地种植业、畜牧、渔业、农垦以及水利、林业等部门搞好沟通协调,切实把牧业、林业和抗旱、节水机械设备纳入补贴范围。县级农机化主管部门主要负责政策宣传、补贴对象的确定公示、购机情况核实、档案登记汇总及项目监管等。

为保证农业机械补贴政策顺利实施,地方各级财政部门要保证必要的组织管理经费,主要用于政策宣传、信息档案建立、公示等组织管理方面的支出。对于财政确有困难的县可由省级财政给予适当支持。严禁挤占挪用中央财政补贴资金用于工作经费。

（二）规范操作，严格管理。各地要严格执行《农业机械购置补贴专项资金使用管理办法》和本实施意见的有关规定，规范操作，严格管理。要严格补贴产品经销商由生产企业自主推荐的制度，由农民自主选择经销商和补贴产品。不得采取不合理政策保护本地区落后生产能力。严禁地方保护主义，严禁强行向购机农民推荐产品，严禁借扩大农业机械购置补贴之机乱涨价。同一产品销售给享受补贴的农民的价格不得高于销售给不享受补贴的农民的价格。要采取因素法、公式法，综合考虑并结合各地主要农产品产量、主要农作物播种面积、农机发展实际需要、农作物病虫害专业化统防统治、以往年度资金使用情况，合理确定各地补贴资金规模。要严格执行补贴对象公示制度，为方便农民，可对价值较低的机具采取购机和公示同时进行的办法。要加强对农民购机情况的检查核实，包括是否购机、购买机具是否为协议规定的机具等。启动实施全国农机购置补贴管理软件系统，加快实现购机申请、审核、结算、档案管理等信息化网络化，提高工作的透明度和工作效率。

（三）加强引导，宏观调控。农机购置补贴既是强农惠农政策，又是一项产业促进政策。各地要正确把握政策取向，统筹规划，充分发挥补贴政策的宏观引导作用，合理确定补贴范围，科学设定补贴额。通过补贴政策的实施，切实优化农机装备结构，提高薄弱环节农机化水平，全面提升农机化发展质量。同时，促进新技术推广应用，转变农业生产方式，提高农业综合生产能力，促进农业稳定增产和农民持续增收。要公平公正确定补贴对象，培育农机化发展主体；合理分配补贴资金，促进区域农机化协调发展。各地要深入搞好农机装备需求调研，科学分析现状与不足，要加大对植保专业服务组织的农机购置扶持力度，大力推进农作物病虫害统防统治。因地制宜制定农机购置补贴规划，为补贴政策持续深入实施提供有效支撑。

（四）严肃纪律，加强监管。要进一步严格纪律，严格执行国务院"三个禁止"要求，严格执行农机购置补贴管理"四项制度"，严格执行农业部规定的"八个不得"要求。各级财政、农机部门要加强对农机购置补贴工作的监管，要进一步加强农机购置补贴实施情况的督导检查，制定督查方案，明确进度要求，落实督查任务和责任。财政部、农业部将不定期开展专项检查和重点抽查。严查违规违纪行为，特别要加强对倒卖补贴指标、套取补贴资金、乱收费、搭车收费等违规行为的检查，发现问题严厉查处，决不姑息。对发生问题的县，将查实的情况通报全国农机系统，并抄送省级纪检监察部门，建议对相关责任人按规定给予党纪政纪处分；情节严重构成犯罪的，要移送司法机关处理。对参与违法违规操作的经销商，要永久取消经营补贴农机产品的资格。对参与违法违规操作的生产企业要及时取消补贴资格。各省区市要将督导检查情况及对各类违规违纪案件查处情况及时报财政部和农业部。

（五）加强宣传，搞好服务。各地农业机械购置补贴资金使用方案要向社会公布，充分利用各大新闻媒体，加强农业机械购置补贴的宣传工作，特别是要做好农民的宣传引导，让农民了解农业机械购置补贴政策内容、程序和要求。要搞好咨询服务，认真答疑解惑。要高度重视与企业的资金结算工作，增加结算频次，至少保证每季度结算一次，减轻农机生产企业资金周转压力。要协调农机企业做好补贴机具的供货工作，督促企业做好售后服务工作。要加强补贴机具的质量监督，了解补贴机具的质量状况和农民的反映，安排专门机构受理农民的投诉，对存在质量问题、农民投诉多的机具及其生产企业，应按管理权限及时取消补贴资格，保护农民的权益。

各省（区、市、兵团、农垦）农机化主管部门要继续做好农业机械购置补贴信息报送工作，实行信息周报制度，要及时做好半年和全年专项执行情况的总结，分别在 6 月 30 日和 11 月 30 日前，将半年和全年农机购置补贴（包括地方财政安排的补贴）实施情况总结报告报送农业部农机化管理司、财务司和财政部农业司。

二〇一〇年三月四日

附件七　2011年农业机械购置补贴实施指导意见

【农办财〔2011〕34号】

一　总体要求

深入贯彻落实科学发展观，以转变农机化发展方式为主线，以调整优化农机装备结构布局、提升农机化作业水平为主要任务，加快推进主要农作物关键环节机械化，积极发展畜牧业、渔业、设施农业、林果业及农产品初加工机械化。注重因地制宜，合理确定补贴范围，促进农机装备总量增加和结构调整布局优化；注重突出重点，向优势农产品主产区、关键薄弱环节、农民专业合作组织倾斜，提高农机化发展的质量和水平；注重统筹兼顾，协调推进丘陵山区、血防疫区及草原牧区农机化发展；注重扶优扶强，大力推广先进适用、技术成熟、安全可靠、节能环保、服务到位的机具，推动农机工业结构调整和技术进步；注重阳光操作，加强监管，进一步推进补贴政策执行过程公平公开，监管措施扎实有效；注重充分发挥市场机制作用，切实保障农民选择购买农机的自主权；注重发挥补贴政策的引导作用，调动农民购买和使用农机的积极性，促进农机化快速健康发展，为促进农业稳定增产、农民持续增收和农村繁荣稳定做出贡献。

二　实施范围及规模

农机购置补贴政策继续覆盖全国所有农牧业县（场）。综合考虑各省（区、市、兵团、农垦）耕地面积、主要农作物产量、农作物播种面积、乡村人口数、农业机械化发展重点，结合农机购置补贴工作开展情况，确定资金控制规模。为支持春耕备耕，财政部已将2011 年中央财政第一批农机购置补贴资金 110 亿元指标提前通知各省级财政部门。各省（区、市、兵团、农垦）农机化主管部门要与同级财政部门科学合理地确定本辖区内项目实施县（场）投入规模。补贴资金应向粮棉油作物种植大县、畜牧水产养殖大县、全国农机化示范区（县）、保护性耕作示范县、全国 100 个农作物病虫害专业化防治创建县和 1000 个专业化防治示范县、血吸虫病防疫区县、汶川地震重灾区县适当倾斜。

省属管理体制的上海、江苏、安徽、陕西、甘肃、宁夏、江西、广西、海南、云南、湖北等 11 个省（区、市）地方垦区农场和海拉尔、大兴安岭垦区农场补贴资金规模、补贴农场名单及资金分配额度由省级农机化主管部门、农垦主管部门与财政部门协商确定，纳入本省（区、市）补贴资金使用方案。省级农机化主管部门和财政部门要加强对农场农机购置补贴工作的指导，按照《农业机械购置补贴专项资金使用管理暂行办法》（以下简称《办法》）和本实施指导意见，规范操作，统一管理。其他地方垦区的市、县属农场的农机购置补贴纳入所在县农机购置补贴范围。

三 补贴机具及补贴标准

（一）补贴机具种类。耕整地机械、种植施肥机械、田间管理机械、收获机械、收获后处理机械、农产品初加工机械、排灌机械、畜牧水产养殖机械、动力机械、农田基本建设机械、设施农业设备和其他机械等 12 大类 46 个小类 180 个品目机具。手扶拖拉机、微耕机仅限在血防区和丘陵山区补贴。玉米小麦两用收割机作为小麦联合收割机和单独的玉米收割割台分别补贴。

除 12 大类 46 个小类 180 个品目外，各地可以在 12 大类内自行增加不超过 30 个品目的其他机具列入中央资金补贴范围。背负式小麦联合收割机、皮带传动轮式拖拉机、运输机械、装载机、农用航空器、内燃机、燃油发电机组、风力设备、水力设备、太阳能设备、包装机械、牵引机械、设施农业的土建部分（指用泥土、砖瓦、砂石料、钢筋混凝土等建筑材料修砌的温室大棚地基、墙体等）及黄淮海地区玉米籽粒联合收割机不列入中央资金补贴范围。

（二）补贴机具确定。农业部根据全国农业发展需要和国家产业政策确定全国补贴机具种类范围；各省（区、市、兵团、农垦）结合本地实际情况，确定具体的补贴机具品目范围。省级农机化主管部门要将补贴机具品目范围内的，所有已列入国家支持推广目录且承诺在本省（区、市、兵团、农垦）销售的产品和已列入本省级支持推广目录的产品，全部纳入补贴目录，按程序向社会发布并报农业部备案。

（三）补贴标准。中央财政农机购置补贴资金实行定额补贴，即同一种类、同一档次农业机械在省域内实行统一的补贴标准。定额补贴按不超过本省（区、市、兵团、农垦）市场平均价格 30% 测算，单机补贴限额不超过 5 万元。汶川地震重灾区县、重点血防区补贴比例可提高到 50%。通用类农机产品补贴额由农业部统一确定，非通用类农机产品补贴额由各省（区、市、兵团、农垦）自行确定。

100 马力以上大型拖拉机、高性能青饲料收获机、大型免耕播种机、挤奶机械、大型联合收割机、水稻大型浸种催芽程控设备、烘干机单机补贴限额可提高到 12 万元；大型棉花采摘机、甘蔗收获机、200 马力以上拖拉机单机补贴额可提高到 20 万元。不允许对省内外企业生产的同类产品实行差别对待。

四　补贴对象和经销商的确定

补贴对象为纳入实施范围并符合补贴条件的农牧渔民、农场（林场）职工、直接从事农机作业的农业生产经营组织。在申请补贴人数超过计划指标时，要按照公平公正公开的原则，采取公开摇号等农民易于接受的方式确定补贴对象。对于已经报废老旧农机并取得拆解回收证明的农民，可优先补贴。

补贴机具经销商必须经工商部门注册登记，取得经销农机产品的营业执照，具备一定的人员、场地和技术服务能力等条件。经销商名单由农机生产企业自主提出，报省级农机化主管部门统一公布，供农民自主选择。农机化主管部门和生产企业应加强对补贴机具经销商的监督管理。

补贴对象可以在省域内自主选机购机，允许跨县选择经销商购机。

五　开展操作方式创新试点

为进一步落实好农机购置补贴政策，推进工作创新，堵塞各种可能的漏洞，简化程序，提高效率，鼓励各地在保证资金安全、让农民得实惠、给企业创造公平竞争环境的前提下，开展资金结算层级下放、选择少数农业生产急需且有利于农机装备结构调整和布局优化的农机品目在省域内满足所有农民申购需求等试点。提倡农机生产企业采取直销的方式直接配送农机产品，减少购机环节，实现供需对接。拟开展试点的省份要认真研究，周密考虑，科学设计，制定切实可行的方案，报农业部、财政部审定后实施。

六　申报程序

各省（区、市、兵团、农垦）农机化主管部门、财政部门要根据本指导意见，提出实施县（场）名单和资金指标分配意见，并制定本省（区、市、兵团、农垦）补贴资金使用方案，于2011年4月10日前联合上报农业部、财政部（各一式二份）备案。

七　工作措施

（一）加强领导，密切配合。各级农机化主管部门、财政部门要进一步提高思想认识，加强组织领导，建立工作责任制，层层签订责任状，明确任务，注重绩效，加强考核。要认真做好调查摸底、方案制定、动员部署、培训指导等工作。要与当地种植业、畜牧、渔业、农垦以及水利、林业等部门搞好沟通协调，切实把牧业、林业和抗旱、节水机械设备纳入补贴范围。为确保农机购置补贴政策顺利实施，省级财政部门要安排必要的管理工作经费，对开展政策宣传、公示、建立信息档案等方面的支出给予保证。严禁挤占挪用中央财政补贴资金用于工作经费。

（二）规范操作，严格管理。各地要严格执行《办法》和本实施指导意见的有关规定，规范操作，严格管理。要严格执行补贴产品经销商由生产企业自主推荐的制度，由农民自主选择经销商和补贴产品。严禁采取不合理政策保护本地区落后生产能力，要对省（区、市、兵团、农垦）内外生产同一品目机具的企业一视同仁。严禁强行向购机农民推荐产品，严禁借扩大农机购置补贴之机乱涨价，同一产品销售给享受补贴的农民的价格不得高于销售给不享受补贴的农民的价格。要充分发挥市场机制作用，在公布补贴产品目录时不允许规定补贴产品最高销售限价。要采取科学合理的方法确定各地补贴资金规模。要严格执行补贴对象公示制度。为方便农民，改补贴协议为补贴指标确认通知书，或直接用申请表替代补贴协议。补贴指标确认书由县级农机化管理部门办理，经与同级财政部门联合确认后，由农机化管理部门交申请购机农民。对价值较低的机具可采取购机与公示同时进行的办法。要加强对农民购机情况的检查核实。大力推进全国农机购置补贴管理软件系统普及应用，并与财政部门信息共享，加快实现购机申请、审核、结算、档案管理等信息化网络化，提高工作的透明度和工作效率。

（三）加强引导，科学调控。农机购置补贴既是强农惠农政策，又是一项产业促进政策。各地要正确把握政策取向，充分发挥补贴政策的调控作用，合理确定补贴机具品目范围，科学分档测算补贴额。通过补贴政策的实施，促进优化农机装备结构布局，提高薄弱环节农机化水平，加快落后地区农机化发展步伐，全面提升农机化发展质量。要公开公平公正地确定补贴对象，培育农机化发展主体。要深入搞好农机装备需求调研，科学分析现状与不足，因地制宜制定农机购置补贴规划，为补贴政策持续深入实施提供有效支撑。

（四）严肃纪律，加强监管。各级农机化主管部门、财政部门要加强对农机购置补贴工作的监管，把国务院"三个严禁"和农业部"八个不得"的要求落到实处。各级财政部门要按照《财政部关于切实加强农机购置补贴政策实施监管工作的通知》（财农〔2011〕17

号）要求，积极履行职责，落实工作责任，发挥财政部门特别是基层财政部门的监管作用。各级农机化主管部门、财政部门要制定督查方案，明确进度要求，落实督查任务和责任。要充分发挥网络系统的信息公开、抽查监管作用。农业部、财政部将不定期开展专项检查和重点抽查，严查违规违纪行为，特别是对倒卖补贴指标、套取补贴资金、乱收费、搭车收费等违规行为，要严厉查处，决不姑息。对发生问题的县，将查实的情况通报全国农机、财政系统，并抄送省级纪检监察部门，建议对相关责任人按规定给予党纪政纪处分；情节严重构成犯罪的，将移送司法机关处理。对参与违法违规操作的经销商，将永久取消经营补贴农机产品的资格。对参与违法违规操作的生产企业要及时取消补贴资格。各省（区、市，兵团、农垦）要将督导检查情况及对各类违规违纪案件的查处情况及时报财政部、农业部及驻部纪检监察机构。

（五）加强宣传，搞好服务。各地农机购置补贴资金使用方案要及时向社会公布，充分利用各类新闻媒体，加强农机购置补贴的宣传工作，特别是要做好对农民的宣传引导，让农民了解农机购置补贴政策内容、程序和要求。要搞好咨询服务，认真答疑解惑。要高度重视与企业的资金结算工作，增加结算频次，减轻农机生产企业资金周转压力，有条件的省可以采取预结算等方式加快结算。要协调农机企业做好补贴机具的供货工作，督促企业做好售后服务工作。要加强补贴机具的质量监督，了解补贴机具的质量状况和农民的反映，安排专门机构受理农民投诉，对存在质量问题、农民投诉较为集中的机具及其生产企业，应按管理权限及时取消其补贴资格，保护农民的权益。要做好农机购置补贴执行进度及信息报送工作，继续实行进度半月报和信息周报制度。及时开展半年和全年专项执行情况的总结，分别在6月20日和11月30日前，将上半年和全年农机购置补贴（包括地方财政安排的补贴）实施情况总结报告报送农业部农机化管理司、财务司和财政部农业司。

二〇一一年三月二十一日

附件八 2012年农业机械购置补贴实施指导意见

【农办财〔2011〕187号】

一 总体要求

以转变农机化发展方式为主线，以调整优化农机装备结构、提升农机化作业水平为主要任务，加快推进主要农作物关键环节机械化，积极发展畜牧业、渔业、设施农业、林果业及农产品初加工机械化。要注重突出重点，向优势农产品主产区、关键薄弱环节、农民专业合作组织倾斜，提高农机化发展的质量和水平；注重统筹兼顾，协调推进丘陵山区、血防疫区及草原牧区农机化发展；注重扶优扶强，大力推广先进适用、技术成熟、安全可靠、节能环保、服务到位的机具；注重阳光操作，加强监管，进一步推进补贴政策执行过程公平公开；注重充分发挥市场机制作用，切实保障农民选择购买农机的自主权；注重发挥补贴政策的引导作用，调动农民购买和使用农机的积极性，促进农业机械化和农机工业又好又快地发展。

二 实施范围及规模

农机购置补贴政策继续覆盖全国所有农牧业县（场）。综合考虑各省（区、市、兵团、农垦）耕地面积、主要农作物产量、农作物播种面积、乡村人口数、农业机械化发展重点，结合农机购置补贴工作开展情况，确定资金控制规模。为支持春耕备耕，财政部已于2011年9月20日将2012年中央财政第一批农机购置补贴资金130亿元指标提前通知各地。各省（区、市、兵团、农垦）农机化主管部门要与同级财政部门科学合理地确定本辖区内项目实施县（场）投入规模。补贴资金应向粮棉油作物种植大县、畜牧水产养殖大县、全国农机化示范区（县）、保护性耕作示范县、全国 100 个农作物病虫害专业化防治创建县和 1000 个专业化防治示范县、血吸虫病防疫区县适当倾斜。

省属管理体制的上海、江苏、安徽、陕西、甘肃、宁夏、江西、广西、海南、云南、湖北等 11 个省（区、市）地方垦区农场和海拉尔、大兴安岭垦区农场补贴资金规模、补贴农场名单及资金分配额度由省级农机化主管部门、农垦主管部门与财政部门协商确定，纳入本省（区、市）补贴资金使用方案。省级农机化主管部门和财政部门要加强对农场农机购置补贴工作的指导，按照《农业机械购置补贴专项资金使用管理暂行办法》（以下简称《办法》）和本实施指导意见，规范操作，统一管理。其他地方垦区的市、县属农场的农机购置补贴纳入所在县农机购置补贴范围。

三　补贴机具及补贴标准

（一）补贴机具种类。耕整地机械、种植施肥机械、田间管理机械、收获机械、收获后处理机械、农产品初加工机械、排灌机械、畜牧水产养殖机械、动力机械、农田基本建设机械、设施农业设备和其他机械等 12 大类 46 个小类 180 个品目机具。手扶拖拉机、微耕机仅限在血防疫区和丘陵山区补贴。玉米小麦两用收割机作为小麦联合收割机和单独的玉米收割割台分别补贴。

除 12 大类 46 个小类 180 个品目外，各地可以在 12 大类内自行增加不超过 30 个品目的其他机具列入中央资金补贴范围。背负式小麦联合收割机、皮带传动轮式拖拉机、运输机械、装载机、农用航空器、内燃机、燃油发电机组、风力设备、水力设备、太阳能设备、包装机械、牵引机械、设施农业的土建部分（指用泥土、砖瓦、砂石料、钢筋混凝土等建筑材料修砌的温室大棚地基、墙体等）及黄淮海地区玉米籽粒联合收割机不列入中央资金补贴范围。

（二）补贴机具确定。农业部根据全国农业发展需要和国家产业政策确定全国补贴机具种类范围；各省（区、市、兵团、农垦）结合本地实际情况，合理确定具体的补贴机具品目范围。县级农机化主管部门不得随意缩小补贴机具种类范围，省域内年度补贴品目数量保持一致。补贴机具必须是已列入国家支持推广目录和省级支持推广目录的产品。

（三）补贴标准。中央财政农机购置补贴资金实行定额补贴，即同一种类、同一档次农业机械在省域内实行统一的补贴标准。通用类农机产品补贴额由农业部统一确定，非通用类农机产品补贴额由各省（区、市、兵团、农垦）自行确定，单机补贴限额不超过 5 万元。非通用类农机产品定额补贴不得超过本省（区、市、兵团、农垦）近三年的市场平均销售价格的 30%，重点血防疫区主要农作物耕种收及植保等大田作业机械补贴定额测算比例不得超过 50%。各省（区、市、兵团、农垦）要按程序向社会公布补贴机具补贴额一览表并报农业部、财政部备案。要加强对补贴产品市场价格的调查摸底，动态跟踪市场变化情况，对过高的补贴额及时做出调整，并按调整后的补贴额结算，补贴额调整情况要报农业部、财政部备案。

100 马力以上大型拖拉机、高性能青饲料收获机、大型免耕播种机、挤奶机械、大型联合收割机、水稻大型浸种催芽程控设备、烘干机单机补贴限额可提高到 12 万元；甘蔗收获机、200 马力以上拖拉机单机补贴额可提高到 20 万元；大型棉花采摘机单机补贴额可提高到 30 万元。

不允许对省内外企业生产的同类产品实行差别对待。

四 补贴对象和经销商的确定

补贴对象为纳入实施范围并符合补贴条件的农牧渔民、农场（林场）职工、直接从事农机作业的农业生产经营组织。在申请补贴人数超过计划指标时，要按照公平公正公开的原则，采取公开摇号等农民易于接受的方式确定补贴对象。对于已经报废老旧农机并取得拆解回收证明的农民，可优先补贴。

补贴机具经销商必须经工商部门注册登记，取得经销农机产品的营业执照，具备一定的人员、场地和技术服务能力等条件。经销商名单由农机生产企业依据农业部及省级农机化主管部门规定的经销商资质条件自主提出，报省级农机化主管部门统一公布，供农民自主选择。农机化主管部门和生产企业应加强对补贴机具经销商的监督管理。补贴机具经销商必须规范操作，诚信经营，销售产品时要在显著位置明示配置，公开价格，并不得代办补贴手续。

补贴对象可以在省域内自主选机购机，允许跨县选择经销商购机。

五　开展操作方式创新试点

为进一步落实好农机购置补贴政策，推进工作创新，堵塞各种可能的漏洞，简化程序，提高效率，各地可在保证资金安全、让农民得实惠、给企业创造公平竞争环境的前提下，继续开展资金结算级次下放、选择少数农业生产急需且有利于农机装备结构调整和布局优化的农机品目在省域内满足所有农民申购需求补贴等试点；同时，开展选择部分市县实行全价购机后凭发票领取补贴等试点。提倡农机生产企业采取直销的方式直接配送农机产品，减少购机环节，实现供需对接。

拟开展试点的省份要认真研究，周密考虑，科学设计，制定切实可行的方案，报农业部、财政部审定后实施。

六　工作措施

（一）加强领导，密切配合。各级农机化主管部门、财政部门要进一步提高思想认识，加强组织领导，建立工作责任制，层层签订责任状，明确任务和责任。要制定农机购置补贴工作考核办法，注重工作绩效，加大工作考核力度，并将考核结果与补贴资金分配挂钩。要认真做好调查摸底、方案制定、动员部署、培训指导等工作。要与当地种植业、畜牧、渔业、农垦以及水利、林业等部门搞好沟通协调，切实把牧业、林业和抗旱、节水机械设备纳入补贴范围。要建立健全县级农机购置补贴工作机制，成立由县领导牵头，人大、政协、纪检监察、财政、农机、公安、工商、农口相关部门参加的县级农机购置补贴工作领导小组，共同研究确定补贴资金分配、重点推广机具种类等事宜，并联合对补贴政策实施进行监管。同时，强化县级农机部门内部约束机制，必须邀请纪检监察部门全程参与，对补贴资金分配、重点推广机具种类等问题的初步意见，须由集体研究决定，经县级补贴工作领导小组研究确定后实施，并报省级农机化主管部门备案。省级财政部门要安排必要的管理工作经费，对开展政策宣传、公示、建立信息档案等方面的支出给予保证。严禁挤占挪用中央财政补贴资金用于工作经费。

（二）规范操作，严格管理。各地要严格执行《办法》和本实施指导意见的有关规定，规范操作，严格管理。一是公平公正确定补贴对象。在确定补贴对象时，不得优亲厚友，不得人为设置购机条件。要严格执行补贴对象公示制度，在村公示不少于7天无异议后，县级农机化主管部门给农民办理补贴指标确认通知书（具体格式详见附件二），经与同级财政部门联合确认后，交申请购机农民。对价值较低的机具可将购机与公示同时进行。二是合理确定补贴额。按照"分档科学合理直观、定额就低不就高"的原则，科学制定非通用类补贴机具分类分档办法，并测算补贴额，严禁以农机企业的报价作为测算补贴额的依据。要充分发挥市场机制作用，在公布补贴产品补贴额一览表时不允许带具体的生产厂家、产品型号。三是严格执行补贴产品经销商由生产企业自主推荐的制度，由农民自主选择经销商和补贴产品。四是严禁采取不合理政策保护本地区落后生产能力，要对省（区、市、兵团、农垦）内外生产同一品目机具的企业一视同仁。严禁强行向购机农民推荐产品，严禁企业借扩大农机购置补贴之机乱涨价，同一产品销售给享受补贴的农民的价格不得高于销售给不享受补贴的农民的价格。五是继续大力推进农机购置补贴信息网络化管理，2012年起各地要全部使用农业部统一开发的全国农机购置补贴管理软件系统，与财政部门实现信息共享，提高工作的透明度、规范性和工作效率。

（三）加强引导，科学调控。农机购置补贴既是强农惠农政策，又是一项产业促进政策。各地要正确把握政策取向，充分发挥补贴政策的调控作用，采取公式法或因素法确定各地补贴资金规模，因地制宜确定补贴机具品目范围，科学分档测算补贴额。鼓励突出补贴重点，向农业生产急需的薄弱环节机械给予重点倾斜，促进农机装备结构布局优化，提高薄弱环节农机化水平，加快落后地区农机化发展步伐，全面提升农机化发展质量。要深入搞好农机装备需求调研，科学分析现状与不足，因地制宜制定中长期农机购置补贴规划，为补贴政策持续深入实施提供有效支撑。

（四）公开信息，接受监督。要认真贯彻《国务院办公厅转发全国政务公开领导小组关于开展依托电子政务平台加强县级政府政务公开和政务服务试点工作意见的通知》（国办函〔2011〕号）精神，切实把农机购置补贴政策实施情况列入政务公开和政务服务目录，要将补贴政策内容、操作程序、举报电话、资金规模、执行进度以及每名购机户的购买机型、生产厂家、经销商、销售价格、补贴额度、姓名住址（不涉个人隐私部分）等信息在各县（市、区）电子政务平台的政府网站上公布，同时通过其他多种形式进行公布，使全社会广泛知晓。要将享受农机购置补贴资金情况作为村务公开的内容，公布到村。要全面落实《农业部办公厅关于深入推进农机购置补贴政策信息公开工作的通知》（农办机〔2011〕33号）要求，至少每半月应公布一次各县（市、区）补贴资金使用进度，有关文件签发5个工作日之内应向社会公开相关信息。在年度补贴工作结束后，县级农机化主管部门要以公告的形式公开本县补贴资金额度、农民分户实际购机数量、金额等情况，接受社会监督。

（五）严肃纪律，加强监管。各级农机化主管部门、财政部门要加强对农机购置补贴工作的监管，把国务院"三个严禁"和农业部"四个禁止""八个不得"及《农业部关于加快推进农机购置补贴廉政风险防控机制建设的意见》（农机发〔2011〕4号）等要求落到实处。一要加大监督检查力度。省级农机化主管部门要制定监管督查方案，加强对各地补贴实施情况的督导检查，组织市、县两级开展专项检查和重点抽查，严查倒卖补贴指标、套取补贴资金、乱收费及委托经销商办理手续等违规行为。要将督导检查情况和对各类违规违纪案件的查处情况及时报农业部、财政部及驻农业部纪检监察机构。对问题较大的县市在全省农机、财政系统进行通报，并抄送省级纪检监察部门，建议对相关责任人按规定给予党纪政纪处分；情节严重构成犯罪的，建议移送司法机关处理。二要加大财政部门监管力度。各级特别是基层财政部门要按照《财政部关于切实加强农机购置补贴政策实施监管工作的通知》（财农〔2011〕17 号）要求，主动参与农机购置补贴政策具体实施工作，在补贴资金使用管理、补贴对象和补贴种类及补贴产品经销商确定、农民实际购机情况核实等方面，积极履行职责，充分发挥就地就近实施监管优势。县级财政部门要会同农机等有关部门，按照不低于购机农民 10% 的比例，对农民购机后实际在用情况进行抽查核实，发现问题及时处理，并将抽查核实及处理情况上报省级财政部门、农机化主管部门。省级财政部门应督促和指导基层财政部门做好农机购置补贴政策实施监管工作。三要严格管理补贴产品产销企业。严格按照农业部及省级农机化主管部门关于补贴产品生产及经销企业监督管理有关规定，对参与违法违规操作的经销商，及时列入黑名单并予公布，被列入黑名单的经销商及其法定代表人永久不得参与补贴产品经销活动；对参与违法违规操作的生产企业要及时取消其补贴产品补贴资格，非法侵占补贴资金应足额退回财政部门；对违规违纪性质恶劣的生产或经销企业，建议工商部门吊销其营业执照。情节严重构成犯罪的，协调司法机关处理。

（六）加强宣传，搞好服务。各地农机购置补贴资金使用方案要及时向社会公布，充分利用各类新闻媒体，加强农机购置补贴的宣传工作，特别是要做好对农民的宣传引导，让农民了解农机购置补贴政策内容、程序和要求。要搞好咨询服务，认真答疑解惑。要高度重视与企业的资金结算工作，鼓励与生产企业结算，增加结算频次，补贴实施后至少每季度结算一次补贴资金，减轻农机生产企业资金周转压力，有条件的省可以采取预结算等方式加快结算。要协调农机企业做好补贴机具的供货工作，督促企业做好售后服务工作。要加强补贴机具的质量监督，了解补贴机具的质量状况和农民的反映，安排专门机构受理农民投诉，对存在质量问题、农民投诉较为集中的机具及其生产企业，应按管理权限及时取消其补贴资格，保护农民的权益。要继续做好农机购置补贴执行进度统计及信息报送工作，实行信息周报制度，农机购置补贴执行进度数据通过全国农机购置补贴管理软件系统获取。及时开展半年和全年专项执行情况的总结，分别在 2012 年 6 月 20 日和 11 月 30 日前，将上半年和全年农机购置补贴（包括地方财政安排的补贴）实施情况总结报告报送农业部农机化管理司、财务司和财政部农业司。

农业部、财政部将把上述措施的落实情况作为对各地工作考核的重要内容之一，并在 2012 年下半年进行抽查。

七 申报程序

各省（区、市、兵团、农垦）农机化主管部门、财政部门要根据本指导意见，提出实施县（场）名单和资金指标分配意见，并制定本省（区、市、兵团、农垦）补贴资金使用方案，于 2012 年 1 月 20 日前联合上报农业部、财政部（各一式二份）备案。

二〇一二年一月六日

附件九 2013年农业机械购置补贴实施指导意见

【农办财〔2013〕8号】

一 总体要求

以转变农机化发展方式为主线，以调整优化农机装备结构、提升农机化作业水平为主要任务，加快推进主要农作物关键环节机械化，积极发展畜牧业、渔业、设施农业、林果业及农产品初加工机械化。要注重突出重点，向优势农产品主产区、关键薄弱环节、农民专业合作组织倾斜，提高农机化发展的质量和水平；注重统筹兼顾，协调推进丘陵山区、血防疫区及草原牧区农机化发展；注重扶优扶强，大力推广先进适用、技术成熟、安全可靠、节能环保、服务到位的机具；注重阳光操作，加强实施监管和廉政风险防范，强化绩效考核，进一步推进补贴政策执行过程公平公开；注重充分发挥市场机制作用，切实保障农民选择购买农机的自主权；注重发挥补贴政策的引导作用，调动农民购买和使用农机的积极性，促进农业机械化和农机工业又好又快地发展。

二 实施范围及规模

农机购置补贴政策继续覆盖全国所有农牧业县（场）。综合考虑各省（自治区、直辖市、计划单列市、新疆生产建设兵团，黑龙江省农垦总局、广东省农垦总局，下同）耕地面积、主要农作物产量、农作物播种面积、乡村人口数、农业机械化发展重点，结合农机购置补贴政策落实情况，确定资金控制规模。为支持春耕备耕，财政部已于

2012 年 9 月 30 日将 2013 年中央财政第一批农机购置补贴资金 200 亿元指标提前通知各省。各省农机化主管部门、财政部门要科学合理地确定本辖区内市、县投入规模。补贴资金应向粮棉油作物种植大县、畜牧水产养殖大县、全国农机化示范区（县）、保护性耕作示范县、全国 100 个农作物病虫害专业化防治创建县和 1000 个专业化防治示范县、血吸虫病防疫区县适当倾斜。

省属管理体制的上海、江苏、安徽、陕西、甘肃、宁夏、江西、广西、海南、云南、湖北等 11 个省（自治区、直辖市）地方垦区农场和海拉尔、大兴安岭垦区农场补贴资金规模、补贴农场名单及资金分配额度由省级农机化主管部门、农垦主管部门与财政部门协商确定，纳入本省（自治区、直辖市）补贴资金使用方案。省级农机化主管部门和财政部门要加强对农场农机购置补贴工作的指导，按照《农业机械购置补贴专项资金使用管理暂行办法》（财农〔2005〕11 号）（以下简称《办法》）和本实施指导意见，规范操作，统一管理。其他地方垦区的市、县属农场的农机购置补贴纳入所在县农机购置补贴范围。

三 补贴机具及补贴标准

（一）中央财政资金补贴机具种类范围。农业部根据全国农业发展需要和国家产业政策，在充分考虑到各省地域差异和农业机械化实际的基础上，确定中央财政资金补贴机具种类范围为：耕整地机械、种植施肥机械、田间管理机械、收获机械、收获后处理机械、农产品初加工机械、排灌机械、畜牧水产养殖机械、动力机械、农田基本建设机械、设施农业设备和其他机械等 12 大类 48 个小类 175 个品目机具。

除 12 大类 48 个小类 175 个品目外，各地可在 12 大类内自行增加不超过 30 个品目的其他机具列入中央资金补贴范围，自选品目须向农业部备案，阐明补贴理由、每个品目涉及的生产厂家数量、产品型号、市场平均销售价格、补贴额等。背负式小麦联合收割机、皮带传动轮式拖拉机、运输机械、装载机、农用航空器、内燃机、燃油发电机组、风力设备、水力设备、太阳能设备、包装机械、牵引机械、网围栏、保温被、设施农业的土建部分（指用泥土、砖瓦、砂石料、钢筋混凝土等建筑材料修砌的温室大棚地基、墙体等）及黄淮海地区玉米籽粒联合收割机不列入中央资金补贴范围。

手扶拖拉机仅限在血防疫区和丘陵山区补贴。玉米小麦两用收割机按小麦联合收割机和单独的玉米收割割台分别补贴。

（二）补贴机具确定。各省应结合本地实际情况，在农业部确定的 175 个品目中，选择部分农业生产急需、农民需求量大的品目纳入中央财政补贴机具种类范围。对于价格较低的机具可以不列入补贴范围。县级农机化主管部门不得随意缩小补贴机具种类范围，省域内年度补贴品目数量保持一致。补贴机具必须是已列入国家支持推广目录或省级支持推广目录的产品。

（三）补贴标准。中央财政农机购置补贴资金实行定额补贴，即同一种类、同一档次农业机械在省域内实行统一的补贴标准。通用类农机产品最高补贴额由农业部统一确定；非通用类农机产品补贴额由各省自行确定，相邻省份应加强沟通、相互协调，防止出现同类产品补贴额差距过大。每档次农机产品补贴额按不超过此档产品在本省域近三年的平均销售价格的 30% 测算，重点血防疫区主要农作物耕种收及植保等大田作业机械补贴定额测算比例不得超过 50%。各省要按程序向社会公布补贴机具补贴额一览表并报农业部、财政部备案。

要组织开展补贴产品市场销售情况调查摸底，动态跟踪市场变化情况，特别是对新增补贴档次的产品，要从质量、使用、服务等方面加强监管。对于同一档次内大多数产品价格总体下降幅度较大的，要适时调整此档机具补贴额，并按调整后的补贴额结算，补贴额调整情况要报农业部、财政部备案。

一般机具单机补贴限额不超过 5 万元；挤奶机械、烘干机单机补贴限额可提高到 12 万元；100 马力以上大型拖拉机、高性能青饲料收获机、大型免耕播种机、大型联合收割机、水稻大型浸种催芽程控设备单机补贴限额可提高到 15 万元；200 马力以上拖拉机单机补贴限额可提高到 25 万元；甘蔗收获机单机补贴限额可提高到 20 万元，广西壮族自治区可提高到 25 万元；大型棉花采摘机单机补贴限额可提高到 30 万元，新疆维吾尔自治区和新疆生产建设兵团可提高到 40 万元。

不允许对省内外企业生产的同类产品实行差别对待。

四　补贴对象和经销商的确定

补贴对象为纳入实施范围并符合补贴条件的农牧渔民、农场（林场）职工、从事农机作业的农业生产经营组织。在申请补贴人数超过计划指标时，要按照公平公正公开的原则，采取公开摇号等农民易于接受的方式确定补贴对象。对已经报废的老旧农机并取得拆解回收证明的，可优先补贴。

对每户农牧渔民、农场（林场）职工及每个农业生产经营组织年度内享受补贴购置农机具的台（套）数或享受补贴资金总额应设置上限，具体由各地结合实际自行确定。

农业机械购置补贴产品经销商的资质条件、确定程序严格按照《农业部办公厅关于进一步规范农机购置补贴产品经营行为的通知》（农办机〔2012〕19 号）和有关规定执行。

补贴对象可以在省域内自主选机购机，允许跨县选择经销商购机。提倡农机生产企业采取直销的方式直接配送农机产品，减少购机环节，实现供需对接。

五　补贴资金的兑付方式

倡导各地试行"全价购机、县级结算、直补到卡"的兑付方式。已经在全省范围内实行"全价购机、县级结算、直补到卡"资金兑付方式的省份，2013 年要继续巩固完善。已经在部分市县开展"全价购机、县级结算、直补到卡"试点的省份，2013 年要继续扩大试点范围或在全省试行。尚未开展该试点的省、自治区、直辖市，2013 年要选择部分市县开展试点；条件成熟的，也可在全省范围内试行。

要认真调研，周密考虑，科学设计，制定切实可行的"全价购机、县级结算、直补到卡"试点方案，拟新开展试点的省，试点方案报农业部、财政部审定后实施；扩大试点范围的省，试点方案报农业部、财政部备案。对于试点过程中有可能出现的问题要有应对预案，妥善解决。

继续实行差价购机的地区，在确保资金安全的前提下，按原程序操作。

六　工作措施

（一）加强领导，密切配合。各级农机化主管部门、财政部门要进一步提高思想认识，加强组织领导，建立工作责任制，层层签订责任状，明确任务和责任。要在补贴申请、审核与审批、公示与核实、监管与督查、档案管理等方面，建立"谁办理、谁负责，谁核实、谁负责"的责任追究制度。

省级农机化主管部门、财政部门要密切合作，建立工作协调机制；要制定农机购置补贴绩效管理考核办法，注重工作绩效，加大工作考核力度，并将考核结果与补贴资金分配挂钩；要认真做好调查摸底、方案制定、动员部署、培训指导等工作；要与当地种植业、畜牧、渔业、农垦以及水利、林业等部门搞好沟通协调，切实把牧业、林业和抗旱、节水机械设备纳入补贴范围。

地市级农机化主管部门要加强对县级农机购置补贴实施方案审核、补贴工作监督检查、补贴机具抽查核实等工作。

要建立健全县级农机购置补贴工作机制，成立由县领导牵头，人大、政协、纪检监察、财政、农机、公安、工商及其他农口等相关部门参加的县级农机购置补贴工作领导小组，共同研究确定补贴资金分配、重点推广机具种类等事宜，并联合对补贴政策实施进行监管。同时，强化县级农机化主管部门内部约束机制，必须邀请纪检监察部门全程参与，对补贴资金分配、重点推广机具种类等问题的初步意见，须由集体研究决定，经县级补贴工作领导小组研究确定，并报上级农机化主管部门审核备案后实施。

地方各级财政部门要按照《办法》（财农〔2005〕11号）要求，积极支持和参与补贴资金落实和监督工作，增加资金投入，并保证必要的组织管理经费。严禁挤占挪用中央财政补贴资金用于组织管理经费。

（二）加强引导，科学调控。农机购置补贴既是强农惠农富农政策，也是一项产业促进政策。要通过政策实施，推动农机工业科技进步、提高制造水平，促进农机装备结构布局优化，快速提高薄弱环节农机化水平，加快落后地区农机化发展步伐，全面提升农机化发展质量和效益。

要正确把握政策取向，充分发挥补贴政策的引导作用，合理确定各地补贴资金规模，因地制宜确定补贴机具品目范围，科学分档测算补贴额。

要突出重点，提高资金使用效益。鼓励各省根据资金总量，选择部分农业生产急需的薄弱环节机具品目在省域内满足所有农民申购需求。

要深入搞好农机装备需求调研，科学分析现状与不足，因地制宜制定中长期农机购置补贴规划，为补贴政策持续深入实施提供有效支撑。

2013 年，继续在山西、江苏、浙江、安徽、山东、河南、新疆、宁波、青岛、新疆生产建设兵团、黑龙江省农垦总局开展农机报废更新补贴试点工作。农机报废更新补贴与农机购置补贴相衔接，同步实施，农机报废更新补贴操作办法按照农业部办公厅、财政部办公厅和商务部办公厅联合印发的《2012 年农机报废更新补贴试点工作实施指导意见》（农办财〔2012〕133 号）执行。

（三）规范操作、严格管理。各地要严格按照本实施指导意见的有关规定，组织开展农机购置补贴工作。

公平公正公开确定补贴对象。在确定补贴对象时，不得优亲厚友，不得人为设置购机条件。要严格执行补贴对象公示制度，县级农机化主管部门负责为公示无异议的农民办理补贴指标确认通知书（具体格式详见附件三），经与同级财政部门联合确认后，交申请购机农民。对价格较低的机具可将购机与公示同时进行。

合理确定补贴额。按照"分档科学合理直观、定额就低不就高"

的原则，科学制定非通用类补贴机具分类分档办法，并测算补贴额，严禁以农机企业的报价作为市场平均销售价格测算补贴额。要充分发挥市场机制作用，在公布补贴产品补贴额一览表时不允许带具体的生产厂家名称、产品型号。

严禁采取不合理政策保护本地区落后生产能力，要对省内外生产同一品目机具的企业一视同仁。严禁强行向购机农民推荐产品，严禁企业借扩大农机购置补贴之机乱涨价，同一产品销售给享受补贴的农民的价格不得高于销售给不享受补贴的农民的价格。

全面深入推进农机购置补贴信息网络化管理，各地要全部使用农业部统一开发的全国农机购置补贴管理软件系统，与财政部门实现信息共享。

加强对补贴机具的牌证管理。享受补贴政策的拖拉机、联合收割机投入使用前，其所有人应当向所在地农机安全监理机构申请登记。

各省要加强对农机购置补贴工作人员培训，提高基层人员素质和能力。今年，农业部拟分批对县级农机购置补贴管理人员开展政策业务培训和警示教育。

（四）公开信息，接受监督。要按照《农业部办公厅关于深入推进农机购置补贴政策信息公开工作的通知》（农办机〔2011〕33 号）要求，及时主动通过广播、电视、报纸、网络、宣传册、明白纸、挂图等形式，将农机购置补贴政策信息公开到村，宣传到户到人。省、县级农机化主管部门要公开补贴实施方案、补贴额一览表、支持推广目录、补贴经销商名单、操作程序、投诉举报电话、资金规模等内容，至少每半月应公布一次各县（市、区）补贴资金使用进度。县级农机化主管部门要把农机购置补贴政策实施情况列入政务公开和政务服务目录，要及时公布资金执行进度以及每名购机户的购买机型、生产厂家、经销商、销售价格、补贴额度、姓名住址（不涉及个人隐私部分）等信息。

在年度补贴工作结束后，县级农机化主管部门要以公告的形式将享受补贴的农户信息（格式见附件四）和县级农机购置补贴政策落实情况报告在县级人民政府网站或农业（农机）部门网站（页）上公布，并确保5年内能够随时查阅。享受补贴的农户信息包括：姓名，所在乡、村、组，所购机具型号、单价、数量、产销企业、补贴额等；县级农机购置补贴政策落实情况报告包括：补贴机具种类，数量，受益农户数，补贴资金（含中央财政和地方财政）使用情况。要将享受农机购置补贴资金情况作为村务公开的内容。

各级农机化主管部门要按规定设置信息公开固定网址或开通固定专栏。对于目前已开通农机化专属网站的，应当在该网站首页的醒目位置上设置固定专栏，公开补贴信息；对于尚无条件开通农机化专属网站的，应当在当地政府或农业等综合网站上设置固定专栏，公开补贴信息。省级信息公开固定网址或开通固定专栏的网址链接要主动提交中国农机化信息网统一对外发布，确保通过网址链接有效查询信息公开情况。

农业部将省级农机化主管部门信息公开工作开展情况列入延伸绩效管理考核内容，按季度抽查并通报抽查结果，省级农机化主管部门也要定期组织抽查并通报结果。

（五）严肃纪律，加强监管。各级农机化主管部门、财政部门要加强对农机购置补贴工作的监管，把国务院"三个严禁"和农业部"四个禁止"、"八个不得"及《农业部关于加快推进农机购置补贴廉政风险防控机制建设的意见》（农机发〔2011〕4号）等要求落到实处。

要加大监督检查力度。省级农机化主管部门要制定监管督查方案，年度内集中组织开展不少于两次的监督检查，监督检查的范围要覆盖到三分之二的地级行政区域或三分之一的县级行政区域，并根据农机产品补贴额大小确定入户抽查比例。要加强对各地补贴实施情况的督导检查，组织市、县两级开展专项检查和重点抽查。要不定期地组织明察暗访，深入了解基层农机购置补贴政策执行落实情况，对发现的问题及时曝光，及时处理，把问题遏制在萌芽状态。要将督导检查情况和对各类违规违纪案件的查处情况及时报农业部、财政部及驻农业部纪检监察机构。对问题较大的县市在全省农机、财政系统进行通报，并抄送省级纪检监察部门，建议对相关责任人按规定给予党纪政纪处分；情节严重构成犯罪的，建议移送司法机关处理。县级农机化主管部门要加强监督检查，配合有关部门依法依规严厉打击有组织有预谋倒卖补贴机具、骗取补贴资金的行为。要落实监督检查责任制，实行"谁核查、谁签字、谁负责"的责任追究制。

加大财政部门监管力度。各级特别是基层财政部门要按照《财政部关于切实加强农机购置补贴政策实施监管工作的通知》（财农〔2011〕17 号）要求，主动参与农机购置补贴政策具体实施工作，在补贴资金使用管理、补贴对象和补贴种类及补贴产品经销商确定、农民实际购机情况核实等方面，积极履行职责，充分发挥就地就近实施监管优势。县级财政部门要会同农机等有关部门，按照不低于购机农民 10％的比例，对农民购机后实际在用情况进行抽查核实，发现问题及时处理，并将抽查核实及处理情况上报省级财政部门、农机化主管部门。省级财政部门应督促和指导基层财政部门做好农机购置补贴政策实施监管工作。

深入开展农机购置补贴政策落实延伸绩效管理，建立以结果为导向的监测与评价体系。要严格按照农业部关于强农惠农富农政策落实延伸绩效管理工作要求，认真完成各项任务指标，并逐级做好延伸绩效管理；要注重绩效考核评估，及时通报考核结果。

严格管理补贴产品产销企业。严格按照农业部及省级农机化主管部门关于补贴产品生产及经销企业监督管理有关规定，重拳打击违法违规操作行为，实行黑名单制，被列入黑名单的经销商及其法定代表人永久不得参与补贴产品经销活动；对参与违法违规操作的生产企业要及时取消其补贴产品补贴资格，非法侵占补贴资金应足额退回财政部门；对违规违纪性质恶劣的生产或经销企业，建议工商部门吊销其营业执照。情节严重构成犯罪的，协调司法机关处理。

建立健全投诉举报制度，严格查处违法违规行为。要安排专人受理农民投诉，对投诉举报的问题和线索，要做到凡报必查、一查到底。对于农民投诉多、服务不到位、产品质量差的产销企业，以及参与违法违规操作的产销企业、国家公职人员和农民，一经查实，严厉惩处。

（六）加强宣传，搞好服务。各地农机购置补贴资金使用方案要及时向社会公布，充分利用各类新闻媒体，加强农机购置补贴的宣传工作，特别是要做好对农民的宣传引导，让农民了解农机购置补贴政策内容、程序和要求。要搞好咨询服务，认真答疑解惑。

高度重视补贴资金的结算兑付工作，在认真核查购机情况的基础上，提高工作效率，实行农民全价购机的要及时将补贴资金打卡兑付，让农民尽早获得补贴实惠；差价购机的省份要增加结算频次，补贴实施后至少每季度结算一次补贴资金，减轻农机产销企业资金周转压力，鼓励与生产企业结算，有条件的省可以采取预结算等方式加快结算。

协调农机企业做好补贴机具的供货工作，督促企业做好售后服务工作。要依法加强补贴机具的质量监督，了解补贴机具的质量状况和农民的反映，对存在质量问题、农民投诉较为集中的机具及其生产企业，应按管理权限及时取消其补贴资格，保护农民的权益。农机鉴定机构要规范鉴定行为，严把鉴定质量关。

继续执行农机购置补贴实施情况定期报送制度，进一步做好农机购置补贴执行进度统计及信息报送工作，进度数据应通过全国农机购置补贴管理软件系统获取。及时开展半年和全年专项执行情况的总结，分别在 2013 年 6 月 30 日和 12 月 31 日前，将上半年和全年农机购置补贴（包括地方财政安排的补贴）实施情况总结报告报送农业部农机化管理司、财务司和财政部农业司。

农业部、财政部将把上述措施的落实情况作为对各地工作考核的重要内容之一，选择部分县（市、区）进行抽查，并将抽查情况予以通报。

七　申报程序

各省农机化主管部门、财政部门要根据本指导意见，提出实施县（场）名单和资金指标分配意见，并制定本省补贴资金使用方案，于 2013 年 2 月 8 日前联合上报农业部、财政部（各一式二份）备案。

二〇一三年一月二十三日

附件十 2014年农业机械购置补贴实施指导意见

【农办财〔2014〕6号】

一 总体要求

以转变农机化发展方式为主线，以调整优化农机装备结构、提升农机化作业水平为主要任务，加快推进主要农作物关键环节机械化，积极发展畜牧业、渔业、设施农业、林果业及农产品初加工机械化。注重突出重点，向优势农产品主产区、关键薄弱环节、农民专业合作组织倾斜，提高农机化发展的质量和水平；注重统筹兼顾，协调推进丘陵山区、血防疫区及草原牧区农机化发展；注重扶优扶强，大力推广先进适用、技术成熟、安全可靠、节能环保、服务到位的机具；注重阳光操作，加强实施监管和廉政风险防范，强化绩效考核，进一步推进补贴政策执行过程公平公开；注重充分发挥市场机制作用，切实保障农民选择购买农机的自主权；注重发挥补贴政策的引导作用，调动农民购买和使用农机的积极性，促进农业机械化和农机工业又好又快地发展。

二 实施范围及规模

农机购置补贴政策继续覆盖全国所有农牧业县（场）。综合考虑各省（自治区、直辖市、计划单列市、新疆生产建设兵团，黑龙江省农垦总局、广东省农垦总局，下同）耕地面积、主要农作物产量、农作物播种面积、乡村人口数、农业机械化发展重点，结合农机购置补贴政策落实情况，确定资金控制规模。为增强地方预算编制的完整性，加快中央转移支付资金支出进度，财政部已于 2013 年 9 月 27 日提前下达 2014 年中央财政农机购置补贴资金 170 亿元。各省农机化主管部门、财政部门要科学合理地确定本辖区内市、县投入规模。补贴资金应向粮棉油作物种植大县、畜牧水产养殖大县、国家现代农业示范区、全国农机化示范区（县）、保护性耕作示范县、全国 100 个农作物病虫害专业化防治创建县和 1000 个专业化防治示范县、血吸虫病防疫区县适当倾斜。

省属管理体制的上海、江苏、安徽、陕西、甘肃、宁夏、江西、广西、海南、云南、湖北等 11 个省（自治区、直辖市）地方垦区农场和海拉尔、大兴安岭垦区农场补贴资金规模、补贴农场名单及资金分配额度由省级农机化主管部门、农垦主管部门与财政部门协商确定，纳入本省（自治区、直辖市）补贴资金使用方案。省级农机化主管部门和财政部门要加强对农场农机购置补贴工作的指导，按照本实施指导意见，规范操作，统一管理。其他地方垦区的市、县属农场的农机购置补贴纳入所在县农机购置补贴范围。

三　补贴机具及补贴标准

（一）中央财政资金补贴机具种类范围。农业部根据全国农业发展需要和国家产业政策，并充分考虑各省地域差异和农业机械化发展实际情况，确定中央财政资金补贴机具种类范围为：耕整地机械、种植施肥机械、田间管理机械、收获机械、收获后处理机械、农产品初加工机械、排灌机械、畜牧水产养殖机械、动力机械、农田基本建设机械、设施农业设备和其他机械等 12 大类 48 个小类 175 个品目机具。

除上述 175 个品目外，各地可在 12 大类内自行增加不超过 30 个其他品目的机具列入中央资金补贴范围。为提高资金使用效益，防范廉政风险，各地应严格控制自选品目数量，所有自选品目须向农业部备案，阐明补贴理由、每个品目涉及的生产厂家数量、产品型号、市场平均销售价格、补贴额等。

背负式小麦联合收割机、皮带传动轮式拖拉机、运输机械、装载机、内燃机、燃油发电机组、风力设备、水力设备、太阳能设备、包装机械、牵引机械、网围栏、保温被、设施农业的土建部分（指用泥土、砖瓦、砂石料、钢筋混凝土等建筑材料修砌的温室大棚地基、墙体等）及黄淮海地区玉米籽粒联合收割机不列入中央资金补贴范围。

手扶拖拉机仅限在血防区和丘陵山区补贴。玉米小麦两用收割机按小麦联合收割机和单独的玉米收割割台分别补贴。

（二）补贴机具确定。各省应结合本地实际情况，突出重点，在农业部确定的175个品目中，缩小范围，选择部分农业生产急需、农民需求量大的品目作为本省中央财政补贴机具种类范围，对于价格较低的机具可以不列入补贴范围，具体由各省确定。

提倡有条件的省份选择部分粮食生产耕种收及烘干等关键环节急需的机具品目敞开补贴，满足省域内所有申购者的需求。

因补贴资金规模所限当年未能享受到补贴的申购者，可在下一年度优先补贴。

县级农机化主管部门不得随意缩小补贴机具种类范围，如确需缩小范围，应由县级农机购置补贴工作领导小组研究提出方案，并报省级农机化主管部门审核；也可由省级农机化主管部门结合本省实际，分区域确定补贴机具种类范围。

为进一步推动企业自主经营、公平竞争和消费者自由选择、自主消费，促进农机化科技创新，2014年选择1个省进行补贴产品市场化改革试点，即在补贴机具种类范围内，除被明确取消补贴资格的农机产品外，符合条件的购机者选择购置国家或省级支持推广目录外的产品，也可申请补贴。具体方案报经农业部、财政部同意后实施。

除试点省份外，补贴机具必须是已列入国家支持推广目录或省级支持推广目录的产品。补贴机具须在明显位置固定有生产企业、产品名称和型号、出厂编号、生产日期、执行标准等信息的永久性铭牌。

（三）补贴标准。中央财政农机购置补贴资金实行定额补贴，即同一种类、同一档次农业机械在省域内实行统一的补贴标准。通用类农机产品最高补贴额由农业部统一确定。纳入多个省份补贴范围的非通用类农机产品最高补贴额由农业部委托牵头省组织，有关省份参加共同确定；其他非通用类和自选品目农机产品补贴额由各省自行确定。

要按照"分档科学合理直观、定额就低不就高"的原则，科学制定非通用类和自选品目机具分类分档办法并测算补贴额，严禁以农机企业的报价作为平均销售价格测算补贴额。测算每档次农机产品补贴额时，总体应不超过此档产品近三年的平均销售价格的30%，重点血防疫区主要农作物耕种收及植保等大田作业机械和四川芦山、甘肃岷县漳县地震受灾严重地区补贴额测算比例不超过50%。相邻省份应加强沟通、相互协调，防止出现同类产品补贴额差距过大。各省要按程序向社会公布补贴机具补贴额一览表。

要组织开展补贴产品市场销售情况调查摸底，动态跟踪市场供需及价格变化情况，特别是对新增补贴档次的产品，要从质量、使用、服务等方面加强监管。对于同一档次内大多数产品价格总体下降幅度较大的，要适时调整此档机具补贴额，并按调整后的补贴额结算。

一般机具单机补贴限额不超过5万元；挤奶机械、烘干机单机补贴限额可提高到12万元；100马力以上大型拖拉机、高性能青饲料收获机、大型免耕播种机、大型联合收割机、水稻大型浸种催芽程控设备单机补贴限额可提高到15万元；200马力以上拖拉机单机补贴限额可提高到25万元；甘蔗收获机单机补贴限额可提高到20万元，广西壮族自治区可提高到25万元；大型棉花采摘机单机补贴限额可提高到30万元，新疆维吾尔自治区和新疆生产建设兵团可提高到40万元。

不允许对省内外企业生产的同类产品实行差别对待。

2014年继续在山西、江苏、浙江、安徽、山东、河南、新疆、宁波、青岛、新疆生产建设兵团、黑龙江省农垦总局开展农机报废更新补贴试点工作。农机报废更新补贴操作办法参照《2012年农机报废更新补贴试点工作实施指导意见》（农办财〔2012〕133号）执行。各试点单位要不断总结工作经验，完善操作办法，进一步提高农机手参与报废更新的积极性。

根据国务院常务会有关要求，在东北地区和华北适宜地区开展农机深松整地作业补助试点，具体操作方法按《农业部办公厅关于开展农机深松整地作业补助试点工作的通知》（农办财〔2013〕98 号）执行。

四　补贴对象确定和经销商公布

补贴对象为纳入实施范围并符合补贴条件的农牧渔民、农场（林场）职工、农民合作社和从事农机作业的农业生产经营组织。在申请补贴对象较多而补贴资金不够时，要按照公平公正公开的原则，采取公开摇号等农民易于接受的方式确定补贴对象。

对已经报废老旧农机并取得拆解回收证明的补贴对象，可优先补贴。

对每一个补贴对象年度内享受补贴购置农机具的台（套）数或享受补贴资金总额应设置上限，具体由各地结合实际自行确定。

补贴对象可以在省域内自主选机购机，允许跨县选择经销商购机。

农机生产企业自主设定农业机械购置补贴产品经销商资质条件，自主确定补贴产品经销商。根据"谁确定、谁负责"的原则，农机生产企业应督促补贴经销商守法诚信经营、严格规范操作、强化售后服务，并对违法违规补贴经销行为承担相应的责任。省、县级农机化主管部门统一公布农机生产企业提供的本行政区域内的补贴经销商名单，并按照《农业部办公厅关于进一步规范农机购置补贴产品经营行为的通知》（农办机〔2012〕19 号）有关规定加强监管。已列入黑名单的经销企业和个人不允许经营补贴产品。

提倡农机生产企业采取直销的方式直接配送农机产品，减少购机环节，实现供需对接。

五　补贴资金的兑付方式

倡导各地实行"全价购机、定额补贴、县级结算、直补到卡"的兑付方式。已经在全省范围内实行"全价购机、定额补贴、县级结算、直补到卡"资金兑付方式的省份，2014 年要继续巩固完善。已经在部分市县开展该试点的省份，2014 年要在全省范围内试行。尚未开展该试点的省份，2014 年要选择部分市县或在全省范围内试行；确实不具备试点条件的，由省级农机化主管部门、财政部门提出申请并报农业部、财政部审核。

要认真调研，周密考虑，科学设计，制定切实可行的"全价购机、定额补贴、县级结算、直补到卡"试点方案，拟新开展试点和扩大试点范围的省，试点方案报农业部、财政部备案。对于试点过程中有可能出现的资金结算进度慢、农民筹资难等问题要有应对预案，妥善解决。要积极协调当地金融机构创新信贷服务，缓解农民筹资压力。鼓励企业与农民自主议价。

继续实行差价购机的地区，在确保资金安全的前提下，按原程序操作。

要切实加快补贴资金兑付和结算，补贴启动实施后农机化主管部门至少要按月提交相关资料，财政部门至少按月组织兑付和结算工作，确保兑付和结算进度高于时序进度。

六　工作措施

（一）加强领导，密切配合。各级农机化主管部门、财政部门要进一步提高思想认识，加强组织领导，密切沟通配合，严格执行规定，遵守纪律要求，建立工作责任制，层层签订责任状，任务和责任具体落实到岗位。要在补贴申请、审核与审批、公示与核实、监管与督查、档案管理等方面，建立健全"谁办理、谁负责，谁核实、谁负责"的责任追究制度。

省级农机化主管部门、财政部门要密切合作，建立工作协调机制，加强与当地种植业、畜牧、渔业、农垦、农产品加工以及水利、林业等部门的沟通协调；要认真做好方案制定、培训指导、建章立制、监督检查、投诉处理等工作，以钉钉子的精神全力推动各项重点工作、关键举措、制度规定、纪律要求的落实；要加大农机购置补贴延伸绩效管理工作力度，通过考核发现问题、及时整改、督促落实和完善制度，并将考核结果与补贴资金分配挂钩。

地市级农机化主管部门要加强对县级农机购置补贴实施方案审核、补贴工作监督检查、补贴机具抽查核实、补贴投诉调查处理督办等工作。

要建立健全县级农机购置补贴工作机制，成立由县政府领导牵头，财政、农机、公安、工商及其他农口等相关部门参加的县级农机购置补贴工作领导小组，共同研究确定补贴资金分配、补贴范围、重点推广机具种类等事宜，联合对补贴政策实施进行监管，并主动邀请人大代表、政协委员和纪检监察部门参加，接受监督。同时，强化县级农机化主管部门内部约束机制，农机购置补贴重要工作事项，须由集体研究，经县级补贴工作领导小组确定，并报上级农机化主管部门备案。

地方各级财政部门要按照《农业机械购置补贴专项资金使用管理暂行办法》（财农〔2005〕11号）要求，积极支持和参与补贴资金落实和监督工作，增加资金投入，并保证必要的组织管理经费。严禁挤占挪用中央财政补贴资金用于组织管理经费。

（二）加强引导，科学调控。农机购置补贴既是强农惠农富农政策，也是一项产业促进政策。要通过政策实施，推动农机工业科技进步、提高制造水平，促进农机装备结构布局优化，快速提高薄弱环节农机化水平，加快落后地区农机化发展步伐，全面提升农机化发展质量和效益。

要充分发挥补贴政策的引导作用，合理确定各地补贴资金规模，因地制宜确定补贴机具品目范围，科学分档测算补贴额。

要因地制宜制定和实施中长期农机购置补贴规划，坚持行之有效的经验，创新完善工作措施，有重点、分阶段实现政策目标，促进补贴政策持续深入实施。

（三）规范操作、严格管理。要公平公正公开确定补贴对象。在确定补贴对象时，不得优亲厚友，不得人为设置购机条件。县级农机化主管部门负责补贴指标确认通知书审核，经与同级财政部门联合确认后，交申请购机补贴农民。补贴指标确认书和政策告知书不得明示生产企业和具体产品等信息。

补贴对象先申请补贴再购机还是先购机再申请补贴，由省级农机化主管部门结合实际自主确定。

严禁采取不合理政策保护本地区落后生产能力，严禁强行向购机农民推荐产品，严禁企业借扩大农机购置补贴之机乱涨价，同一产品销售给享受补贴的农民的价格不得高于销售给不享受补贴的农民的价格。

全面深入推进农机购置补贴管理网络化，各地要全部使用全国农机购置补贴管理软件系统。要配合相关部门严厉打击窃取、倒卖、泄露补贴信息和电信诈骗等不法行为，保护农民合法权益。

加强对补贴机具的牌证管理。享受补贴政策的拖拉机、联合收割机投入使用前，其所有人应当向所在地农机安全监理机构申请登记。要依法加强补贴机具的质量监督，协调农机企业做好补贴机具的供货工作，督促企业做好售后服务工作。

各省要加强对农机购置补贴工作人员培训，提高基层人员素质和能力。2014年，农业部拟继续分批对县级农机购置补贴管理人员开展政策业务培训和警示教育。

（四）公开信息，接受监督。要按照《农业部办公厅关于深入推进农机购置补贴政策信息公开工作的通知》（农办机〔2011〕33号）要求，广泛深入宣传补贴政策，及时主动通过广播、电视、报纸、网络、宣传册、明白纸、挂图等形式，将农机购置补贴政策信息公开到村，宣传到户到人，务求宣传实效。

省、县级农机化主管部门要主动公开所有可以公开的补贴资料、文件等信息，严禁对外公布购机户的通信方式、身份证号码和银行账号等个人隐私信息。县级农机化主管部门要把农机购置补贴政策实施情况列入政务公开和政务服务目录，将享受农机购置补贴资金情况作为村务公开的内容。要严格执行公示制度，在补贴资金兑付或结算前，须公示受益对象信息，公示环节设置的次序和次数由各省确定。对价格较低的机具可将购机与公示同时进行。

在年度补贴工作结束后，县级农机化主管部门要以公告的形式将所有享受补贴的农户信息（含合作社和其他补贴对象，下同）和县级农机购置补贴政策落实情况在县级人民政府网站或农业（农机）部门网站（页）上公布，并确保5年内能够随时查阅。2014年年底前，各级农机化主管部门须按规定开通完善农机购置补贴信息公开专栏，规范栏目设置，及时全面公开信息，免费提供服务，确保专栏有效运行，主动接受社会监督。

继续执行农机购置补贴实施情况定期报送制度，进一步做好农机购置补贴执行进度统计及信息报送工作。

农业部将省级农机化主管部门信息公开工作开展情况列入延伸绩效管理考核内容，按季度抽查并通报抽查结果，省级农机化主管部门也要定期组织抽查并通报结果。

（五）严肃纪律，加强监管。各级农机化主管部门、财政部门要加强对农机购置补贴工作的监管，把国务院"三个严禁"和农业部"四个禁止""八个不得"及《财政部关于切实加强农机购置补贴政策实施监管工作的通知》（财农〔2011〕17号）、《农业部关于加快推进农机购置补贴廉政风险防控机制建设的意见》（农机发〔2011〕4号）、《农业部关于进一步加强农机购置补贴政策实施监督管理工作的意见》（农机发〔2013〕2号）等要求落到实处。

各级农机化主管部门要全面履行监管职责，严惩违法违规行为。省、地两级农机化主管部门监管工作的重点是组织协调、培训指导和督促检查县级农机购置补贴监管工作的落实。要不定期地组织明察暗访，深入了解基层农机购置补贴政策执行落实情况，对发现的问题及时曝光，及时处理，把问题遏制在萌芽状态。各级农机化主管部门要及时逐级上报发现的违法违规违纪问题；省级农机化主管部门要将督导检查情况和对各类违法违规违纪案件的查处情况及时报农业部、财政部及驻农业部纪检监察机构，农业部每年向社会集中公布两次。

县级农机化主管部门要全面贯彻落实监督检查各项规定，在补贴资金兑付和结算前要完成机具核实，特别是对补贴额较高和供需矛盾突出的重点机具要组织逐台核实，做到"见人、见机、见票"和

"人机合影、签字确认",逐台核实的机具范围和机具核实方式由省级农机化主管部门确定。

农机鉴定机构要规范鉴定行为,严把鉴定质量关。

加大财政部门监管力度。各级财政部门特别是基层财政部门要主动参与农机购置补贴政策具体实施工作,在补贴资金使用管理、补贴对象和补贴种类及补贴产品经销商确定、农民实际购机情况核实等方面,积极履行职责,充分发挥就地就近实施监管优势。县级财政部门要会同农机等有关部门,按照不低于购机农民10%的比例,对农民购机后实际在用情况进行抽查核实,发现问题及时处理,并将抽查核实及处理情况上报省级财政部门、农机化主管部门。省级财政部门应督促和指导基层财政部门做好农机购置补贴政策实施监管工作。

建立健全投诉举报制度。要拓宽投诉渠道,通过电话、网络、信函等形式受理投诉。对实名投诉举报的问题和线索,要做到凡报必查、一查到底。

地、县级农机化主管部门要对农民投诉多、"三包"服务不到位、价格虚高、采取不正当竞争、出厂编号及铭牌不规范等问题进行调查核实,并报省级农机化主管部门;省级农机化主管部门应对有关农机生产企业或经销商进行约谈告诫,提出整改意见,对整改不力的可暂停或取消补贴资格。对于存在降低配置、以次充好、骗补套补等违法违规行为的产销企业,要按规定取消经销补贴产品资格或补贴产品的补贴资格。

农业部、财政部将把上述措施的落实情况作为对各地工作考核的重要内容之一,选择部分县(市、区)进行抽查,并将抽查情况予以通报。

七　申报与总结

各省农机化主管部门、财政部门要根据本指导意见,提出实施县(场)名单和资金指标分配意见,并制定本省补贴资金使用方案,于2月28日前联合上报农业部、财政部(各一式二份)备案。

2014 年 6 月 30 日和 12 月 31 日前，要将上半年和全年农机购置补贴（包括地方财政安排的补贴）实施情况总结报告报送农业部农机化管理司、财务司和财政部农业司。

二〇一四年二月十一日

附件十一　2015—2017 年农业机械购置补贴实施指导意见

【农办财〔2014〕6 号】

一　总体要求

通过农业机械（以下简称农机）购置补贴政策实施，充分调动和保护农民购买使用农机的积极性，促进农机装备结构优化、农机化作业能力和水平提升，推进农业发展方式转变，切实保障主要农产品有效供给。实施中，要注重突出重点，加快推进粮棉油糖等主要农作物生产全程机械化，提高政策的指向性和精准性；注重改革完善，优化制度设计，体现惠民公平和便民高效，突出政策的普惠性、稳定性；注重规范实施，加强过程监管，强化信息公开、绩效考核和廉政风险防控，保障资金安全；注重市场化原则，通过市场机制发挥补贴政策对农机化发展的引导作用，推进补贴产品供需双方市场化对接，保障购机者选机购机自主权，促进农机科技进步。

二　实施范围及规模

农机购置补贴政策在全国所有农牧业县（场）范围内实施。综合考虑各省（自治区、直辖市、计划单列市，新疆生产建设兵团，黑龙江省农垦总局、广东省农垦总局，下同）耕地面积、农作物播种面积、主要农产品产量、购机需求意向（各地摸底调查取得）、绩效管理考核等因素和中央财政预算资金安排情况，确定补贴资金规模。

各省农机化主管部门、财政部门要参照上述要求，科学合理地确定本辖区内市、县资金规模。上年结转资金可继续在下年使用，连续两年未用完的结转资金，按有关规定处理。

各省农机化主管部门、财政部门要加强对国有农场农机购置补贴工作的指导。省属管理体制的北京、天津、上海、江苏、安徽、河南、江西、湖北、广西、海南、云南、陕西、甘肃、宁夏等 14 个省（自治区、直辖市）地方垦区农场和海拉尔、大兴安岭垦区农场补贴资金规模、补贴农场名单及资金分配额度由各省农机化主管部门、农垦主管部门与财政部门协商确定，纳入各省补贴资金使用方案。其他市、县属的地方垦区农场的农机购置补贴纳入所在县农机购置补贴范围。

纳入《全国农机深松整地作业实施规划》的省份可结合实际，在农机购置补贴资金中安排补助资金（不超过补贴资金总量的 15%）用于在适宜地区实行农机深松整地作业补助，具体操作办法参照《农业部办公厅关于开展农机深松整地作业补助试点工作的通知》（农办财〔2013〕98 号）执行。鼓励有条件的农机大户、农机合作社等农机服务组织承担作业补助任务，开展跨区深松整地作业等社会化服务。

在河北、山西、黑龙江、江苏、浙江、安徽、江西、山东、河南、湖北、湖南、广西、陕西、甘肃、新疆、宁波、青岛开展农机报废更新补贴试点工作，具体操作办法参照《2012 年农机报废更新补贴试点工作实施指导意见》（农办财〔2012〕133 号）执行。农业部会同财政部对试点省份实施情况开展检查评价，视情况按年度对试点省份进行适当调整。

三 补贴范围及标准

（一）中央财政资金补贴机具种类范围。按照"确保谷物基本自给、口粮绝对安全"的目标要求，中央财政资金重点补贴粮棉油糖等主要农作物生产关键环节所需机具，兼顾畜牧业、渔业、设施农业、林果业及农产品初加工发展所需机具，力争用 3 年左右时间着力提升粮棉油糖等主要农作物生产全程机械化水平。中央财政资金补贴机具种类范围为 11 大类 43 个小类 137 个品目。

各省应根据农业生产实际，在 137 个品目中，选择部分品目作为本省中央财政资金补贴范围；并要根据当地优势主导产业发展需要和补贴资金规模，选择部分关键环节机具实行敞开补贴。

粮食主产省（区）要选择粮食生产关键环节急需的部分机具品目敞开补贴，主要包括深松机、免耕播种机、水稻插秧机、机动喷雾喷粉机、动力（喷杆式、风送式）喷雾机、自走履带式谷物联合收割机（全喂入）、半喂入联合收割机、玉米收获机、薯类收获机、秸秆粉碎还田机、粮食烘干机、大中型轮式拖拉机等。棉花、油料、糖料作物主产省（区）要对棉花收获机、甘蔗种植机、甘蔗收获机、油菜籽收获机、花生收获机等机具品目敞开补贴。

有条件的省份，围绕主导产业，按照补贴资金规模与购机需求量匹配较一致的原则，选择机具品目试行全部敞开补贴。

其他地方特色农业发展所需和小区域适用性强的机具，可列入地方各级财政安排资金的补贴范围，具体补贴机具品目和补贴标准由地方自定。

为引导和鼓励农机生产企业加强研发创新，选择若干省份开展农机新产品中央财政资金购置补贴试点。新产品补贴试点，要突出当地粮棉油糖等主要产业发展和农机化新技术推广的需要，进行科学论证、集体研究决策，确保技术先进和风险可控。具体办法可由试点省农机化主管部门、财政部门共同制定。

鼓励开展大型农机金融租赁试点和创新农机信贷服务，多渠道、多形式支持农民购机、用机。

（二）补贴机具产品资质。补贴机具必须是在中华人民共和国境内生产的产品。除新产品补贴试点外，补贴机具应是已获得部级或省级有效推广鉴定证书的产品。

继续选择个别省份开展补贴产品市场化改革试点，在补贴机具种类范围内，除被明确取消补贴资格的或不符合生产许可证管理、强制性认证管理的农机产品外，符合条件的购机者购置的农机产品，均可申请补贴。

补贴机具产品须在明显位置固定标有生产企业、产品名称和型号、出厂编号、生产日期、执行标准等信息的永久性铭牌。

（三）补贴标准。中央财政农机购置补贴资金实行定额补贴，即同一种类、同一档次农业机械原则上在省域内实行统一的补贴标准，不允许对省内外企业生产的同类产品实行差别对待。为防止出现同类机具在不同省（区、市）补贴额差距过大，通用类机具最高补贴额由农业部统一发布。各省农机化主管部门结合本地农机产品市场售价情况进行测算，在不高于最高补贴额的基础上，负责确定本省通用类农机产品的补贴额。

各省农机化主管部门负责制定非通用类机具分类分档办法并确定补贴额。对于部分涉及多省需求的机具分类分档及补贴额可由相关省协商确定。

一般农机每档次产品补贴额原则上按不超过该档产品上年平均销售价格的 30% 测算，单机补贴额不超过 5 万元；挤奶机械、烘干机单机补贴额不超过 12 万元；100 马力以上大型拖拉机、高性能青饲料收获机、大型免耕播种机、大型联合收割机、水稻大型浸种催芽程控设备单机补贴额不超过 15 万元；200 马力以上拖拉机单机补贴额不超过 25 万元；大型甘蔗收获机单机补贴额不超过 40 万元；大型棉花采摘机单机补贴额不超过 60 万元。

玉米小麦两用收割机按单独的玉米收割割台和小麦联合收割机分别补贴。

各省农机化主管部门可自主决定补贴额的下调幅度。对于同一档次内大多数产品价格总体下降幅度较大的，可适时调低此档机具补贴额。各省要向社会公布补贴机具补贴额一览表和补贴额调整情况。涉及中央资金补贴的通用类机具补贴额调整的，须及时抄报农业部，农业部可视情况按年度进行调整。

四　补贴对象确定和经销企业公布

补贴对象为直接从事农业生产的个人和农业生产经营组织。在申请补贴对象较多而补贴资金不足时，要按照公平公正公开的原则确定。

对已经报废老旧农机并取得拆解回收证明的补贴对象，可优先补贴。

对每一类补贴对象年度内享受补贴购置农机具的台（套）数或享受补贴资金总额应设置上限，由各地结合实际自行确定。

补贴产品经销企业由农机生产企业自主确定并向社会公布。省级农机化主管部门要及时公布已列入黑名单的经销企业和个人名单，该类企业及个人不允许参与补贴活动，所销售产品不能享受农机购置补贴政策。农机生产企业应对其确定的补贴产品经销企业的经销行为承担相应的责任。

原则上，补贴对象应到当地政府确定的主管部门办理所有补贴手续。要逐步使补贴政策实施操作过程与农机产品经销企业脱钩，过渡期3年。

补贴对象可自主选择补贴产品经销企业购机，也可通过企业直销等方式购机。按照权责一致原则，补贴对象应对自主购机行为和购买机具的真实性负责，承担相应风险。

五 补贴操作及资金兑付

农机购置补贴政策实施方式实行自主购机、定额补贴、县级结算、直补到卡（户），具体操作办法由各省制定。

获得农机购置补贴须由购机者提出申请，由县级农机化主管部门会同财政部门组织审核确定。购机者和农机产销企业分别对其提交的农机购置补贴相关申请资料和购买机具的真实性承担法律责任。县级农机化主管部门、财政部门按职责分工对农机购置补贴材料的合规性审核结果负责。

县级农机化主管部门要按时限向财政部门提交相关资料，财政部门按时限组织补贴资金兑付工作，具体时限由各省根据实际情况确定。

六 工作措施

（一）加强领导，密切配合。各级农机化主管部门、财政部门要进一步提高思想认识，加强组织领导，密切沟通配合，建立工作责任制，将任务和责任具体落实到岗位。要加强工作指导和监督检查，加大农机购置补贴绩效管理工作力度，并将考核结果与补贴资金分配挂钩。

地市级农机化主管部门要加强对县级农机购置补贴实施方案审核、补贴工作监督检查、补贴机具抽查核实、补贴投诉调查处理和督办等工作。

县级农机化主管部门、财政部门，要在本级政府领导下会同有关部门共同研究确定补贴资金使用和重点推广机具种类等事宜，联合对补贴政策实施进行监管。同时，强化县级农机化主管部门和财政部门内部约束机制，农机购置补贴重要工作事项须由集体研究确定。

地方各级财政部门要增加资金投入，加强资金监管，并保证必要的组织管理经费。

（二）加强引导，科学调控。要通过政策实施，促进农机装备结构布局优化，提高薄弱环节和主要农产品生产农机化水平，全面提升农机化发展质量和效益，同时推动农机工业科技进步和自主创新，提高制造水平。要因地制宜制定和实施中长期农机购置补贴规划，坚持行之有效的经验，创新改革工作措施，有重点、分阶段实现政策目标。

（三）规范操作，严格管理。要公开公平公正确定补贴对象，严格执行公示制度，充分尊重购机者自主选择权。对补贴额较高和供需矛盾突出的机具要重点核实，具体程序和要求由各省确定。提倡补贴对象先购机再申请补贴，鼓励县乡在购机集中地或当地政务大厅等开展受理申请、核实登记"一站式"服务。

全面深入推进农机购置补贴管理网络化，各地农机化主管部门、财政部门要全部使用全国农机购置补贴辅助管理系统。要配合相关部门严厉打击窃取、倒卖、泄露补贴信息和电信诈骗等不法行为，保护农民合法权益。

对购置实行牌证照管理的机具，其所有人要向当地农机安全监理机构办理牌证照。要依法开展补贴机具的质量调查，督促企业做好售后服务等工作。

要加强对基层农机购置补贴工作人员培训和警示教育，提高基层人员业务素质和工作能力。

（四）公开信息，接受监督。各级农机化主管部门要通过广播、电视、报纸、网络、宣传册、明白纸、挂图等形式，积极宣传补贴政策；要建立完善农机购置补贴信息公开专栏，确保专栏等信息公开载体有效运行。

省级和县级农机化主管部门重点公开实施方案、补贴额一览表、操作程序、投诉咨询方式、资金规模和使用进度、补贴受益对象、违规现象和问题等；各级农机化主管部门要组织农机试验鉴定机构按照"谁鉴定、谁公开"的原则，公开补贴机具的推广鉴定证书、鉴定检验结果等信息。

在年度补贴工作结束后，县级农机化主管部门要以公告的形式将所有享受补贴的购机者信息及落实情况在当地政府网站或农业（农机）部门网站（页）上公布，同时要注意保护个人隐私。

（五）加强监管，严惩违规。各级农机化主管部门、财政部门要全面履行监管职责，以问题为导向，适时开展专项督导检查，强化监管，严惩违规，对违规现象和问题主动向社会公布。

要高度重视群众举报投诉受理查处工作。建立健全相关机制，通过电话、网络、信函等有效形式受理投诉。对实名投诉举报的问题和线索，要做到凡报必查。

省、地、县级农机化主管部门要对投诉集中、"三包"服务不到位、采取不正当竞争、出厂编号及铭牌不规范、未按规定使用辅助管理系统、虚假宣传、降低配置、以次充好、骗补套补等线索具体的投诉进行重点调查核实。对于违反农机购置补贴政策相关规定的生产和经销企业，地、县级农机化主管部门视调查情况可对违规企业采取约谈告诫、限期整改等措施，并将有关情况和进一步处理建议报省级农机化主管部门。省级农机化主管部门视调查情况及地、县级农机化主管部门建议，可采取约谈告诫、限期整改、暂停补贴、取消补贴资格及列入黑名单等措施，要将处理情况及时向社会公布，并视情况抄送工商、质量监督、公安等部门。同时，要将暂停或取消补贴资格的处理情况报农业部。

农机生产和经销企业产品补贴资格或经销补贴产品的资格被暂停、取消，所引起的纠纷和经济损失由违规农机生产或经销企业自行承担。

七　方案与总结报送

各省农机化主管部门、财政部门要根据本指导意见，结合实际制定本省补贴实施方案或实施指导意见（含农机深松整地作业补助），印发执行并抄报农业部、财政部。

开展农机新产品补贴试点、补贴产品市场化改革试点的省份，试点方案须报农业部、财政部备案。

每年 12 月 31 日前，要将全年农机购置补贴（包括农机深松整地作业补助和地方财政安排的农机购置补贴）实施情况总结报告报送农业部、财政部。

农机报废更新补贴试点工作实施方案和总结报告须按有关规定单独报送。

二〇一五年一月二十七日

附件十二 2018—2020 年农业机械购置补贴实施指导意见

【农办财〔2018〕13 号】

一 总体要求

深入贯彻落实党的十九大精神，紧紧围绕实施乡村振兴战略，以推进农业供给侧结构性改革、促进农业机械化全程全面高质高效发展为基本要求，突出重点，全力保障粮食和主要农产品生产全程机械化的需求，为国家粮食安全和主要农产品有效供给提供坚实的物质技术支撑；坚持绿色生态导向，大力推广节能环保、精准高效农业机械化技术，促进农业绿色发展；推动科技创新，加快技术先进农机产品推广，促进农机工业转型升级，提升农机作业质量；推动普惠共享，推进补贴范围内机具敞开补贴，加大对农业机械化薄弱地区支持力度，促进农机社会化服务，切实增强政策获得感；创新组织管理，着力提升制度化、信息化、便利化水平，严惩失信违规行为，严防系统性违规风险，确保政策规范廉洁高效实施，不断提升公众满意度和政策实现度。

二 补贴范围和补贴机具

中央财政资金全国农机购置补贴机具种类范围（以下简称"补贴范围"）为 15 大类 42 个小类 137 个品目。各省（自治区、直辖市）及计划单列市、新疆生产建设兵团、黑龙江省农垦总局、广东省农垦总局（以下简称"各省"），根据农业生产实际需要和补贴资金规模，按照公开、公平、公正原则，从上述补贴范围中选取确定本省补贴机具品目,实行补贴范围内机具敞开补贴。要优先保证粮食等主要农产品生产所需机具和深松整地、免耕播种、高效植保、节水灌溉、高效施肥、秸秆还田离田、残膜回收、畜禽粪污资源化利用、病死畜禽无害化处理等支持农业绿色发展机具的补贴需要,逐步将区域内保有量明显过多、技术相对落后、需求量小的机具品目剔除出补贴范围。

补贴机具必须是补贴范围内的产品,同时还应具备以下资质之一:(1)获得农业机械试验鉴定证书(农业机械推广鉴定证书);(2)获得农机强制性产品认证证书;(3)列入农机自愿性认证采信试点范围,获得农机自愿性产品认证证书。补贴机具须在明显位置固定标有生产企业、产品名称和型号、出厂编号、生产日期、执行标准等信息的永久性铭牌。

此外,各省可选择不超过 3 个品目的产品开展农机新产品购置补贴试点(以下简称"新产品试点"),重点支持绿色生态导向和丘陵山区特色产业适用机具。农机购置补贴机具资质采信农机产品认证结果和新产品试点具体办法另行规定。鼓励有意愿的省份开展扩大补贴机具资质采信试点。

补贴范围应保持总体稳定,必要的调整按年度进行。对经过新产品试点基本成熟、取得资质条件的品目,可依程序按年度纳入补贴范围。

地方特色农业发展所需和小区域适用性强的机具,可列入地方各级财政安排资金的补贴范围,具体补贴机具品目和补贴标准由地方自定。

三 补贴对象和补贴标准

补贴对象为从事农业生产的个人和农业生产经营组织(以下简称"购机者"),其中农业生产经营组织包括农村集体经济组织、农民专业合作经济组织、农业企业和其他从事农业生产经营的组织。在保障农民购机权益的前提下,鼓励因地制宜发展农机社会化服务组织,提升农机作业专业化社会化服务水平。

中央财政农机购置补贴实行定额补贴,补贴额由各省农机化主管部门负责确定，其中，通用类机具补贴额不超过农业部发布的最高补贴额。补贴额依据同档产品上年市场销售均价测算，原则上测算比例不超过30%。上年市场销售均价可通过本省农机购置补贴辅助管理系统补贴数据测算，也可通过市场调查或委托有资质的社会中介机构进行测算。对技术含量不高、区域拥有量相对饱和的机具品目，应降低补贴标准。为提高资金使用效益、减少具体产品补贴标准过高的情形，各省也可采取定额与比例相结合等其他方式确定补贴额，具体由各省结合实际自主确定。

一般补贴机具单机补贴额原则上不超过5万元；挤奶机械、烘干机单机补贴额不超过12万元；100马力以上拖拉机、高性能青饲料收获机、大型免耕播种机、大型联合收割机、水稻大型浸种催芽程控设备单机补贴额不超过15万元；200马力以上拖拉机单机补贴额不超过25万元；大型甘蔗收获机单机补贴额不超过40万元；大型棉花采摘机单机补贴额不超过60万元。

西藏和新疆南疆五地州（含南疆垦区）继续按照《农业部办公厅 财政部办公厅关于在西藏和新疆南疆地区开展差别化农机购置补贴试点的通知》（农办财〔2017〕19号）执行。在多个省份进行补贴的机具品目，相关省农机化主管部门要加强信息共享，力求分档和补贴额相对统一稳定。

补贴额的调整工作一般按年度进行。鉴于市场价格具有波动性，在政策实施过程中，具体产品或具体档次的中央财政资金实际补贴比例在30%上下一定范围内浮动符合政策规定。发现具体产品实际补贴比例明显偏高时，应及时组织调查，对有违规情节的，按农业部、财政部联合制定的《农业机械购置补贴产品违规经营行为处理办法（试行）》以及本省相关规定处理；对无违规情节且已购置的产品，可按原规定履行相关手续，并视情况优化调整该产品补贴额。

四 资金分配使用

农机购置补贴支出主要用于支持购置先进适用农业机械，以及开展农机报废更新补贴试点等方面。鼓励各省积极开展农机报废更新补贴试点，加快淘汰耗能高、污染重、安全性能低的老旧农机具。鼓励相关省份采取融资租赁、贴息贷款等形式，支持购置大型农业机械。各省农机化主管部门要会同财政部门科学测算资金需求，综合考虑耕地面积、农作物播种面积、主要农产品产量、购机需求、绩效管理、违规处理、当年资金使用情况等因素和中央财政预算安排情况，测算安排市、县级补贴资金规模，对资金结转量大的地区不安排或少安排资金。财政部门要会同农机化主管部门加强资金监管，定期调度和发布资金使用进度，强化区域内资金余缺动态调剂，避免出现资金大量结转。上年结转资金可继续在下年使用，连续两年未用完的，按有关规定处理。

对省属管理体制的地方垦区和海拉尔、大兴安岭垦区的补贴资金规模，要结合农垦改革，由省级财政部门与农机化主管部门、农垦主管部门协商确定，统一纳入各省补贴资金分配方案。其他市、县属地方垦区国有农场的农机购置补贴，按所在市、县农机购置补贴政策规定实施。

地方各级财政部门要增加资金投入，保证补贴工作实施必要的组织管理经费。

五　操作流程

农机购置补贴政策实施实行自主购机、定额补贴、先购后补、县级结算、直补到卡（户）。

（一）发布实施规定。省级及以下农机化主管部门、财政部门按职责分工和有关规定发布本地区农机购置补贴实施方案、补贴额一览表等信息。

（二）组织机具投档。自愿参与农机购置补贴的农机生产企业按规定提交有关资料。各省农机化主管部门组织开展形式审核，集中公布投档产品信息汇总表。各省应在本省补贴实施方案中明确投档频次和工作安排，原则上每年投档次数不少于两次。

（三）自主选机购机。购机者自主选机购机，并对购机行为和购买机具的真实性负责，承担相应责任义务。鼓励非现金方式支付购机款，便于购置行为及资金往来全程留痕。购机者对其购置的补贴机具拥有所有权，可自主使用、依法依规处置。

（四）补贴资金申请。购机者自主向当地农机化主管部门提出补贴资金申领事项，按规定提交申请资料，其真实性、完整性和有效性由购机者和补贴机具产销企业负责，并承担相关法律责任。实行牌证管理的机具，要先行办理牌证照。严禁以任何方式授予补贴机具产销企业进入农机购置补贴辅助管理系统办理补贴申请的具体操作权限，严禁补贴机具产销企业代替购机者到主管部门办理补贴申请手续。各地可结合实际，设置购机者年度内享受补贴资金总额的上限及其申请条件等。鼓励有条件的省份探索利用农业部新型农业经营主体信息直报系统实行网上补贴申请试点。

（五）补贴资金兑付。县级农机化主管部门、财政部门按职责分工、时限要求对补贴相关申请资料进行形式审核，组织核验重点机具，由财政部门向符合要求的购机者发放补贴资金。对实行牌证管理的补贴机具，可由农机安全监理机构在上牌过程中一并核验；对安装类、设施类或安全风险较高类补贴机具，可在生产应用一段时期后兑付补贴资金。

各省应根据上述规定，结合本地实际，进一步细化和制定具体工作流程。

六　工作要求

（一）加强领导，密切配合。各级农机化主管部门、财政部门要切实加强组织领导，密切沟通配合，明确职责分工，形成工作合力。要加强补贴工作业务培训，组织开展廉政警示教育，提高补贴工作人员业务素质和工作能力。对实施过程中出现的问题，要认真研究解决，重大问题及时向上级机关报告。

省级农机化主管部门、财政部门要加强制度建设，提升信息化管理水平，做好补贴资金分配调剂、补贴范围确定、补贴额测算和组织补贴机具投档、违规行为查处等工作，督促指导各地全面落实农机购置补贴政策规定。

地市级农机化主管部门、财政部门要加强对县级农机购置补贴工作的指导，重点开展县级补贴方案审核、补贴资金需求审核、督导检查、违规查处等工作。

县级农机化主管部门、财政部门，要在本级政府领导下组织实施农机购置补贴政策，共同做好补贴资金需求摸底、补贴对象确认、补贴机具核实、补贴资金兑付、违规行为处理等工作，重大事项须提交县级农机购置补贴领导小组集体研究决策。

各省农机化主管部门要指导农机鉴定机构以先进、适用、绿色、高效为原则制定公布鉴定产品种类指南，并及时公开鉴定证书、鉴定结果和产品主要技术规格参数信息，为农机购置补贴政策实施提供有力保障。

（二）规范操作，高效服务。全面运用农机购置补贴辅助管理系统，推广使用补贴机具网络投档软件，探索补贴机具"一机一码"识别管理，提高政策实施信息化水平。

切实加快补贴申请受理、资格审核、机具核验、受益公示等工作，鼓励在购机集中地或当地政务大厅等开展受理申请、核实登记等"一站式"服务。补贴申领有效期原则上当年有效，因当年财政补贴资金规模不够、办理手续时间紧张等无法享受补贴的，可在下一个年度优先补贴，以稳定购机者补贴申领预期。

完善补贴机具核验流程，重点加强对大中型机具的核验和单人多台套、短期内大批量等异常申请补贴情形的监管，积极探索实行购机真实性承诺、受益信息实时公开和事后抽查核验相结合的补贴机具监管方式。

（三）公开信息，接受监督。各级农机化主管部门要进一步加强政策宣传，扩大社会公众知晓度。省级和县级农机化主管部门要全面建立农机购置补贴信息公开专栏，对申请购机补贴者信息进行公示，对实施方案、补贴额一览表、操作程序、补贴机具信息表、投诉咨询方式、违规查处结果等重点信息全面公开，实时公布补贴资金申请登记进度和享受补贴购机者信息。

（四）加强监管，严惩违规。全面建立农机购置补贴工作内部控制规程，规范业务流程，强化监督制约。开展省级农机购置补贴延伸绩效管理，强化结果运用，推进绩效管理向市县延伸。充分发挥专家和第三方作用，加强督导评估，强化补贴政策实施全程监管。

明确参与农机购置补贴政策实施的鉴定机构和认证机构的责任义务，加强管理。加强购机者信息保护，配合相关部门严厉打击窃取、倒卖、泄露补贴信息和电信诈骗等不法行为。

全面贯彻落实《农业部办公厅 财政部办公厅关于印发〈农业机械购置补贴产品违规经营行为处理办法（试行）〉的通知》（农办财〔2017〕26号）精神，加快制定本辖区处理细则，加大违规行为查处力度，进一步推进省际联动联查，严处失信违规主体。

各省农机化主管部门、财政部门要根据本指导意见，结合实际制定印发本省补贴实施方案（2018—2020年），并抄报农业部、财政部。每年12月15日前，要将全年中央财政农机购置补贴政策实施总结报告报送农业部、财政部。

二〇一八年二月二十二日

致　　谢

转眼间已经4年过去，博士后出站报告终于完成，感慨颇多，虽然4年才完成出站报告，但主要是自己的原因，这4年里还完成了20余项课题，导致时间分配上存在冲突。但无论如何，博士后出站报告还是完成了，在这里我要对这4年来给予我帮助的师长、家人和朋友表示感谢。

首先要感谢的是我的博士后导师杜志雄研究员4年来对我的指导和帮助。杜老师学识渊博、治学严谨、为人谦和、平易近人，以其独到的国际学术视野、敏锐的学术眼光对我进行学术指导，让我受益匪浅。特别是多次教导我要跳出农机看农机，跳出农业看农业，要用系统、辩证的思维来研究农业农村农民，要强化理论研究和国际比较，让我受益颇多。同时，杜老师在家庭农场领域也见解独到，认为家庭农场今后是农业产业发展"最适宜"和"最合意"的农业生产经营主体，是乡村振兴的重要力量。感谢杜老师对我论文的选题、写作及修改过程中倾注的心血。在此向恩师表示深深的敬意和衷心的感谢。

其次要感谢郜亮亮副研究员以及杜老师师门的同门兄弟姐妹，这4年来，工作上我们一起多次为了完成课题而并肩战斗，协同合作，相互学习提高，让我收获颇丰；生活中，大家亲如一家，互相帮助。感谢你们，有你们才让我这4年变得更精彩。

再次，感谢我与南京农业大学、南京师范大学合作指导的研究生王许沁和章淑颖协助我进行了第六章和第七章的数据处理工作。

最后，我要向我的家人表示深深的感谢。感谢我的妻子张春景女士，在我全身心投入科研工作时，一个人包揽了全部的家务活和女儿的生活与学习指导任务，你辛苦了。感谢我的女儿张裕卓对爸爸的理解，爸爸已经很久没带你去游乐场玩了，你开心的笑是我前进的最大动力。

感谢参加博士后出站答辩的各位委员，谢谢你们提出的宝贵建议！

感谢国家自然科学基金委和中国博士后科学基金会的支持！

再次向所有帮助和关心我的师友、家人们表示诚挚的谢意！

张宗毅

2018 年 10 月